Dutch

at your Fingertips

Other titles in this series

French at your Fingertips
German at your Fingertips
Greek at your Fingertips
Italian at your Fingertips
Portuguese at your Fingertips
Spanish at your Fingertips

Dutch

at your Fingertips

compiled by

LEXUS

with

E. Baruch, Marie Bittlestone,
John T. Breckenridge, Irma Laponder
and Peter Terrell

Routledge & Kegan Paul
London and New York

First published in 1987 by
Routledge & Kegan Paul
11 New Fetter Lane, London EC4P 4EE

Published in the USA by
Routledge & Kegan Paul Inc.
in association with Methuen Inc.
29 West 35th Street, New York, NY 10001

Set in Linotron 202 Baskerville
by Morton Word Processing Ltd, Scarborough
and printed in Great Britain
by The Guernsey Press Co. Ltd
Guernsey, Channel Islands

Library of Congress Cataloging in Publication Data

Dutch at your fingertips.—(Fingertips)

1. Dutch Language—Conversation and phrase books—English.
I. Baruch, E. II. Lexus (Firm)
PF121.D88 1987 439.3'183421 86-20375

British Library CIP Data also available
ISBN 0-7102-0953-3

Contents

DUTCH PRONUNCIATION

Because you are likely to want to speak most of the Dutch given in this book, rather than just to understand its meaning, an indication of the pronunciation has been given in square brackets. If you pronounce this as though it were English, the result will be clearly comprehensible to a Dutch person.

In some cases, however, we have decided it was not necessary to give the entire pronunciation for a word or phrase. This may be because it would more or less duplicate the ordinary Dutch spelling, or because the pronunciation of a particular word or words has already been given within the same entry. In these cases we have simply shown how to pronounce the problematic parts of the word or phrase.

Some comments on the pronunciation system used:

VOWELS

a	as in 'hat'
ah	as in 'father'
ay	as in 'day'
ey	as in 'day' but close to 'die'
oo	as in 'book'
ꝏ	as in 'huge' or 'few'
ow	as in 'how'
uh	a short sound as in 'son' or 'mother'

CONSONANTS

CH	like the ch in the Scottish pronunciation of 'loch'
j	like the 's' in 'leisure'

When part of the pronunciation is given in quotes (e.g. 'new') this means that this should be read exactly as the English word. When the print for a letter or for two letters is in bold type this means that this part of the word should be stressed.

For nouns which have the indefinite article in the translation we have added *het* or *de* afterwards in brackets to indicate the gender of the word.

English – Dutch

A

a een, 'n *[in, 'n]*; **5 guilders a bottle** 5 gulden per fles; *see page 107*
about: about 25 ongeveer 25 *[onCHevayr]*; **about 6 o'clock** rond 6 uur *[ront]*; **is the manager about?** is de chef aanwezig? *[ahnvayzicH]*; **I was just about to leave** ik stond net op het punt om te vertrekken *[stont net op it poont om tuh vertrekkuh]*; **how about a drink?** heb je zin in een borrel? *[heb yuh zin in 'n borrel]*
above boven *[bohvuh]*
abroad in het buitenland *[it bowgtenlant]*
abscess een abces (*het*) *[absess]*
absolutely: it's absolutely perfect het is helemaal perfect *[it iss hayluhmahl perfekt]*; **you're absolutely right** je hebt volkomen gelijk *[yuh hebt volkohmuh cHeleyk]*; **absolutely!** volkomen!
absorbent cotton de watten *[vattuh]*
accelerator het gaspedaal *[cHaspedahl]*
accept accepteren *[akseptayruh]*
accident een ongeluk (*het*) *[oncHelook]*; **there's been an accident** er is een ongeluk gebeurd *[er iss in oncHelook cHeburrt]*; **sorry, it was an accident** het spijt me, het was een ongeluk *[it speyt muh]*
accommodation(s) kamers *[kahmers]*; **we need accommodation(s) for four** we hadden graag kamers voor vier personen *[vuh hadduh cHrahcH kahmers vohr veer persohnuh]*
accurate precies *[preseess]*
ache: I have an ache here het doet hier pijn *[it doot heer peyn]*; **it aches** het doet zeer *[zayr]*
across: across the street aan de overkant van de straat *[ahn duh overkant van duh straht]*
actor de acteur *[akturr]*
actress de actrice *[aktreessuh]*
adapter een verdeelstekker (*de*) *[verdaylstekker]*
address het adres *[adress]*; **what's your address?** wat is uw adres? *[oow]*
address book een adresboek (*het*) *[adressbook]*
admission: how much is admission? hoeveel is de toegangsprijs? *[hoovayl iss duh toocHangspreyss]*
adore: I adore ... ik ben dol op ...
adult een volwassene (*de*) *[volvassenuh]*
advance: I'll pay in advance ik betaal vooruit *[betahl vohrowgt]*
advertisement een advertentie (*de*) *[advertenssee]*
advise: what would you advise? wat zou u mij aanraden? *[wat zow œ mey ahnrahduh]*
affluent (*people*) welgesteld *[wellcHestelt]*; (*country*) welvarend *[wellvahrent]*
aeroplane het vliegtuig *[vleecHtowcH]*
afraid: I'm afraid of heights ik heb hoogtevrees *[hohcHtuhvrayss]*; **don't be afraid** wees niet bang *[vayss neet]*; **I'm not afraid** ik ben niet bang; **I'm afraid I can't help you** ik ben bang dat ik je niet kan helpen *[helpuh]*; **I'm afraid so** ik ben bang van wel; **I'm afraid not** ik ben bang van niet *[neet]*
after: after you na u *[nah œ]*; **after 9 o'clock** na 9 uur; **not until after 9 o'clock** niet tot na negen uur *[neet]*
afternoon de middag *[middacH]*; **in the afternoon** 's middags *[smiddacHs]*; **good afternoon** goedemiddag *[cHooduhmiddacH]*; **this afternoon** vanmiddag *[vanmiddacH]*
aftershave een aftershave (*de*)
afterwards naderhand *[nahderhant]*
again opnieuw *[op'new']*
against tegen *[taycHuh]*
age de leeftijd *[layfteyt]*; **not at my age!** op mijn leeftijd! *[meyn]*; **it takes ages** het duurt een eeuwigheid *[it dœrt in ayoovicH-heyt]*; **I haven't been here for ages** ik ben hier in geen tijden geweest

[heer in CHayn teyduh CHevayst]

agency het bureau *[boroh]*

ago: a year ago een jaar geleden *[in yahr CHelayduh]*; **it wasn't long ago** het is niet lang geleden *[it iss neet]*

agony: it's agony het doet ontzettend zeer *[it doot ontzettent zayr]*

agree: do you agree? ben jij het er mee eens? *[ben yey it er may ayns]*; **I agree** ik ben het er mee eens; **cheese doesn't agree with me** ik kan geen kaas verdragen *[CHayn kahss verdrahCHuh]*

aggressive agressief *[agresseef]*

AIDS AIDS

air de lucht *[looCHt]*; **by air** per vliegtuig *[vleeCHtowCH]*

air-conditioning de air-conditioning

air hostess de stewardess

airmail: by airmail per luchtpost *[looCHtposst]*

airmail envelope een luchtpost-enveloppe (*de*) *[looCHtposst-enveloppuh]*

airplane het vliegtuig *[vleeCHtowCH]*

airport de luchthaven *[looCHthavuh]*

airport bus de bus naar de luchthaven *[booss nahr duh looCHthavuh]*

airport tax de luchthavenbelasting *[looCHthavuh—]*

alarm het alarm

alarm clock een wekker (*de*) *[vekker]*

alcohol alcohol (*de*)

alcoholic: is it alcoholic? bevat het alcohol?

alive in leven *[layvuh]*; **is he still alive?** leeft hij nog? *[layft hey noCH]*

all: all the hotels alle hotels *[alluh]*; **all my friends** al mijn vrienden *[al meyn]*; **all my money** al mijn geld; **all of it** alles *[alluhs]*; **all of them** allemaal *[alluhmahl]*; **all right** goed *[CHoot]*; **I'm all right** ik ben oké *[okay]*; **that's all** dat is alles; **it's all changed** het is helemaal veranderd *[haylemahl]*; **thank you — not at all** dank u wel — geen dank *[CHayn dank]*

allergic: I'm allergic to ... ik ben allergisch voor ... *[allairCHees vohr]*

allergy een allergie (*de*) *[allerCHee]*

all-inclusive alles inbegrepen *[alluhs inbeCHraypuh]*

allowed toegestaan *[tooCHestahn]*; **is it allowed?** is het toegestaan?; **I'm not allowed to eat salt** ik mag geen zout eten *[maCH CHayn zowt aytuh]*

almost bijna *[beynah]*

alone alleen *[allayn]*; **are you alone?** bent u alleen? *[oo]*; **leave me alone** laat me met rust *[laht muh met roost]*

already al

also ook *[ohk]*

alteration (*to plans*) een wijziging (*de*) *[veyziCHing]*; (*to clothes*) een verandering (*de*)

alternative: is there an alternative? is er een andere mogelijkheid? *[iss er in anderuh mohCHeluhk-heyt]*; **we had no alternative** wij hadden geen keuze *[vey hadduh CHayn kurzuh]*

alternator de wisselstroomdynamo *[visselstrohmdeenamoh]*

although hoewel *[hoovell]*

altogether helemaal *[hayluhmahl]*; **what does that come to altogether?** hoeveel is dat alles bij elkaar? *[hoovayl iss dat alluhs bey elkahr]*

always altijd *[alteyt]*

a.m.: at 8 a.m. 's morgens om 8 uur *[smorCHens]*

amazing (*surprising*) verrassend *[verassent]*; (*very good*) verbazingwekkend *[verbahzingvekkent]*

ambassador de ambassadeur *[ambassadurr]*

ambulance een ziekenwagen (*de*) *[zeekuhvahCHuh]*; **get an ambulance!** bel een ziekenwagen! *[bell in]*

America Amerika *[amayreekah]*

American (*adj*) Amerikaans *[amayreekahns]*; (*man*) de Amerikaan *[amayreekahn]*; (*woman*) de Amerikaanse *[amayreekahnsuh]*

American plan volpension *[vollpen-shon]*

among onder

amp: a 13-amp fuse een stop van 13 ampère *[in stop van ... ampair]*

an(a)esthetic een verdoving (*de*) *[verdohving]*

ancestor een voorouder (*de*) *[vohrowder]*

anchor het anker

anchovies ansjovissen *[anshohvissuh]*

ancient zeer oud *[zayr owt]*

and en

angina een angina (*de*) *[anCHeena]*

angry boos *[bohss]*; **I'm very angry about it** ik ben er erg boos over *[ik ben er*

airCH]
animal een dier (*het*) *[deer]*
ankle de enkel
anniversary: it's our (wedding) anniversary today het is vandaag onze trouwdag *[it iss vandahCH onzuh trowdaCH]*
annoy: he's annoying me hij valt me lastig *[hey valt muh lasstiCH]*; **it's so annoying** het is zo vervelend *[it iss zo vervaylent]*
anorak een anorak (*de*)
another: can we have another room? kunnen we een andere kamer krijgen? *[koonuh vuh in anderuh kahmer kreyCHuh]*; **another bottle, please** nog een fles, alstublieft *[noCH in fless alstoobleeft]*
answer: there was no answer er was geen antwoord *[vass CHayn antwohrt]*; **what was his answer?** wat was zijn antwoord? *[vat vass zeyn]*
ant: ants mieren *[meeruh]*
antibiotics antibiotica *[anteebeeohteekah]*
anticlimax een anti-climax (*de*) *[—kleemax]*
antifreeze de antivries *[antivreess]*
anti-histamine een anti-histamine (*de*) *[anti-histameenuh]*
antique: is it an antique? is het antiek? *[iss it anteek]*
antique shop een antiekwinkel (*de*) *[anteekvinkel]*
antisocial: don't be antisocial wees niet zo ongezellig *[vayss neet zo onCHezelliCH]*
any: have you got any rolls/milk? hebt u ook broodjes/melk? *[oo ohk]*; **I haven't got any ...** ik heb geen ... *[CHayn]*
anybody iemand *[eemant]*; **can anybody help?** kan iemand mij helpen? *[mey helpuh]*; **there wasn't anybody there** er was niemand *[er vass neemant]*
anything iets *[eets]*; **I don't want anything** ik wil niets; **don't you have anything else?** hebt u niets anders? *[oo neets]*
apart from afgezien van *[afCHezeen]*
apartment een flat (*de*)
aperitif een aperitief (*het*)
apology een verontschuldiging (*de*) *[verontsCHooldiCHing]*; **please accept my apologies** neemt u mij alstublieft niet kwalijk *[naymt oo mey alstoobleeft neet kvahluhk]*
appalling verschrikkelijk *[versCHrikkeluhk]*
appear: it would appear that ... het schijnt dat ... *[it sCHeynt]*
appendicitis een blindedarmontsteking (*de*) *[blinduhdarmontstayking]*
appetite: I've lost my appetite ik heb geen trek meer *[CHayn trek mayr]*
apple een appel (*de*)
apple pie een appeltaart (*de*) *[—tahrt]*
application form een aanvraagformulier (*het*) *[ahnvrahCHformooleer]*
appointment een afspraak (*de*) *[afsprahk]*; **I'd like to make an appointment** ik wil graag een afspraak maken *[vill CHrahCH ... mahkuh]*
appreciate: thank you, I appreciate it dank u wel, ik stel het op prijs *[dank oo vell, ik stell it op preyss]*
approve: she doesn't approve ze keurt het niet goed *[zuh kurrt it neet CHoot]*
apricot een abrikoos (*de*) *[abreekohss]*
April april *[aprill]*
Arab (*adj*) Arabisch *[arahbeess]*; (*man*) de Arabier *[arahbeer]*; (*woman*) de Arabische vrouw *[vrow]*
archaeology archeologie *[arCHayohlohCHee]*
architect een architect (*de*) *[arsheetekt]*
are *see page 113*
area: I don't know the area ik ken de streek niet *[duh strayk neet]*
area code het netnummer *[netnoomer]*
argument een woordenwisseling (*de*) *[vohrduhvisseling]*
arm de arm
around *see* **about**
arrangement: will you make the arrangements? regel jij het? *[rayCHel yey it]*
arrest: he's been arrested hij is gearresteerd *[hey iss CHe-arrestayrt]*
arrival de aankomst *[ahnkomst]*
arrive: when do we arrive? wanneer komen wij aan? *[vanayr kohmuh vey ahn]*; **has my parcel arrived yet?** is mijn pakket al gearriveerd? *[iss meyn pakket al CHe-arrivayrt]*; **let me know as soon as they arrive** laat me het weten zodra ze aankomen *[laht muh it vaytuh zodrah*

*zuh **ah**nkohmuh]*; **we only arrived yesterday** we zijn gisteren pas aangekomen *[vuh zeyn CHisteruh pas ahnCHekohmuh]*
art de kunst *[koonst]*
art gallery een museum (*het*) *[mœsayum]*
arthritis een gewrichtsontsteking (*de*) *[CHe-vriCHtsontstayking]*
artificial (*leather etc*) kunst- *[koonst]*
artist een kunstenaar (*de*) *[koonstenahr]*
as: as fast as you can zo snel als je kunt *[so snell als yuh koont]*; **as much as you can** zoveel als je kunt *[zovayl]*; **as you like** zoals je wilt *[zo-als yuh vilt]*; **as it's getting late** aangezien het laat wordt *[ahnCHezeen it laht wort]*
ashore: to go ashore aan land gaan *[ahn lant CHahn]*
ashtray een asbak (*de*)
aside from afgezien van *[afCHezeen]*
ask vragen *[vrahCHuh]*; **that's not what I asked for** daar heb ik niet om gevraagd *[dahr heb ik neet om CHe-vrahCHt]*; **could you ask him to phone me back?** kunt u hem vragen mij terug te bellen? *[koont œ hem vrahCHuh mey terooCH tuh belluh]*
asleep: he's still asleep hij slaapt nog steeds *[hey slahpt noCH stayts]*
asparagus de asperge *[aspairjuh]*
aspirin een aspirine (*de*) *[aspireenuh]*
assault: she's been assaulted zij is aangevallen *[zey iss ahnCHevalluh]*; **indecent assault** het zedendelict *[zaydendaylikt]*
assistant (*helper*) de assistent; (*in shop*) (*man*) de verkoper *[verkohper]*; (*woman*) de verkoopster *[verkohpster]*
assume: I assume that ... ik neem aan dat ... *[naym ahn]*
asthma astma
astonishing verbazingwekkend *[verbahzingvekkent]*
at: at the café in het café *[in it kafay]*; **at the hotel** in het hotel; **at 8 o'clock** om 8 uur; **at the station** op het station; **see you at dinner** tot straks aan tafel *[ahn tahfel]*
Atlantic de Atlantische Oceaan *[atlanteessuh ohsayahn]*
atmosphere de sfeer *[sfayr]*
attractive aantrekkelijk *[ahntrekkeluhk]*; **you're very attractive** jij bent erg aantrekkelijk *[yey bent airCH]*
aubergine een aubergine (*de*)
auction een veiling (*de*) *[veyling]*
audience het publiek *[pœbleek]*
August augustus *[owCHœstus]*
aunt: my aunt mijn tante *[meyn tantuh]*
au pair (girl) een au pair (*de*)
Australia Australië *[owstrahlee-uh]*
Australian (*adj*) Australisch *[owstrahleess]*; (*man*) de Australiër *[owstrahlee-ur]*; (*woman*) de Australische *[owstrahleessuh]*
Austria Oostenrijk *[ohstereyk]*
authorities de overheid *[overheyt]*
automatic (*car*) een automaat (*de*) *[owtomaht]*
automobile een auto (*de*) *[owtoh]*
autumn de herfst *[hairfst]*; **in the autumn** in de herfst
available: when will it be available? wanneer is het beschikbaar? *[vanayr iss it besCHikbahr]*; **when will he be available?** wanneer is hij beschikbaar?
avenue een laan (*de*) *[lahn]*
average: the average Dutchman de doorsnee Hollander *[dohrsnay]*; **an above average hotel** een uitstekend hotel *[owtstaykent]*; **a below average hotel** een zeer middelmatig hotel *[zayr middelmahtiCH]*; **the food was only average** het eten was maar zo-zo *[it aytuh vass mahr zo-zo]*; **on average** gemiddeld *[CHemiddelt]*
awake: is she awake yet? is ze al wakker? *[iss zuh al vakker]*
away: is it far away? is het ver weg? *[iss it vair veCH]*; **go away!** ga weg! *[CHah]*
awful afschuwelijk *[afsCHœveluhk]*
axle de as

B

baby de baby
baby-carrier de reiswieg *[reyssveecH]*
baby-sitter een baby-sitter (*de*); **can you get us a baby-sitter?** kunt u voor ons een baby-sitter regelen? *[koont ꝏ … raycHeluh]*
bachelor een vrijgezel (*de*) *[vreycHezel]*
back: I've got a bad back ik heb rugpijn *[roocHpeyn]*; **at the back** achter *[acHter]*; **in the back of the car** op de achterbank *[acHterbank]*; **I'll be right back** ik ben zo weer terug *[zo vayr terooch]*; **when do you want it back?** wanneer wil je het terughebben? *[vanayr vill yuh it]*; **can I have my money back?** kan ik mijn geld terugkrijgen? *[meyn cHelt teroocHkreycHuh]*; **come back!** kom terug!; **I go back home tomorrow** ik ga morgen terug naar huis *[cHah morcHuh … nahr howss]*; **we'll be back next year** we komen volgend jaar weer terug *[vuh kohmuh volcHent yahr vayr]*; **when is the last bus back?** wanneer gaat de laatste bus terug? *[vanayr cHaht duh lahtstuh booss]*; **he backed into me** hij is achteruit tegen mij opgereden *[acHterowt taycHuh mey opcHerayduh]*
backache rugpijn (*de*) *[roocHpeyn]*
back door de achterdeur *[acHterdurr]*
backgammon trik-trak (*het*)
backpack de rugzak *[roocHzak]*
back seat de achterbank *[acHterbank]*
back street een achterstraat (*de*) *[acHterstraht]*
bacon het spek; **bacon and eggs** eieren met spek *[eyeruh]*
bad (*quality*) slecht *[slecHt]*; **this meat's bad** het vlees is bedorven *[it vlayss iss bedorvuh]*; **a bad headache** een zware hoofdpijn *[zwahruh hohftpeyn]*; **it's not bad** het is niet slecht *[it iss neet slecHt]*; **too bad!** jammer! *[yammer]*
badly: he's been badly injured hij is zwaar gewond *[hey iss zwahr cHevont]*
bag de tas *[tass]*; (*suitcase*) de koffer
baggage de bagage *[bacHahjuh]*
baggage allowance het toegestane gewicht bagage *[toocHestahnuh cHewicHt bacHahjuh]*
baggage checkroom het bagagedepot *[bacHahjuh—]*
baker de bakker
balcony het balkon; **on the balcony** op het balkon
bald kaal *[kahl]*
ball een bal (*de*)
ballet het ballet *[ballett]*
ball-point pen een balpen (*de*)
banana een banaan (*de*) *[banahn]*
band (*mus*) de band *[bant]*
bandage een verband (*het*) *[verbant]*; **could you change the bandage?** kunt u het verband verschonen? *[koont ꝏ … verscHohnuh]*
bandaid de pleister *[pleyster]*
bank (*money*) de bank; **when are the banks open?** wanneer zijn de banken open? *[vanayr zeyn duh bankuh]*
bank account een bankrekening (*de*) *[bankraykening]*
bar de bar; **let's meet in the bar** laten we in de bar afspreken *[lahtuh vuh in duh … afspraykuh]*; **a bar of chocolate** een reep chocolade (*de*) *[rayp shokolahduh]*
barbecue een barbecue (*de*)
barber de kapper
bargain: it's a real bargain het is echt een koopje *[it iss ecHt in kohpyuh]*
barmaid de barjuffrouw *[baryuffrow]*
barman de barman
barrette een haarspeld (*de*) *[hahrspelt]*
bartender de barkeeper
basic: the hotel is rather basic het hotel is nogal eenvoudig *[nocHal aynvowdicH]*; **will you teach me some basic phrases?** wilt u mij enkele elementaire uitdrukkingen leren? *[vilt ꝏ mey enkeluh ay lementairuh owtdruk-*

kinguh layruh]
basket de mand
bath het bad *[bat]*; **can I take a bath?** kan ik een bad nemen? *[in bat naymuh]*
bathing zwemmen *[zvemmuh]*
bathing costume een zwempak (*het*)
bathrobe een badjas (*de*) *[batyass]*
bathroom de badkamer *[batkahmer]*; **a room with a private bathroom** een kamer met eigen badkamer *[in kahmer met eycнuh]*; **can I use your bathroom?** kan ik van het toilet gebruik maken? *[it tvalett cнebrowk mahkuh]*
bath salts het badzout *[batzowt]*
bath towel een badhanddoek (*de*) *[bathandook]*
battery een batterij (*de*) *[batterey]*; (*car*) een accu (*de*) *[akkœ]*; **the battery's flat** de accu is leeg *[duh … iss laycн]*
bay de baai *[bahi]*
be: be reasonable wees redelijk *[vayss raydeluhk]*; **don't be lazy** wees niet zo lui *[neet zo low]*; **where have you been?** waar bent u geweest? *[vahr bent œ cнevayst]*; **I've never been to …** ik ben nog nooit in … geweest *[nocн noyt in]*; *see* **I, you, he** *etc and page 113*
beach het strand *[strant]*; **on the beach** op het strand; **I'm going to the beach** ik ga naar het strand *[cнah nahr it]*
beach ball een strandbal (*de*) *[strantbal]*
beach café het strandcafé
beach restaurant het strandpaviljoen *[strantpavilyoon]*
beach towel een badhanddoek (*de*) *[bathandook]*
beach umbrella een strandparasol (*de*) *[strantparasol]*
beads de kralen *[krahluh]*
beans de bonen *[bohnuh]*; **runner beans** de stokbonen; **broad beans** de tuinbonen (*de*) *[town—]*
beard een baard (*de*) *[bahrt]*
beautiful (*person*) mooi *[moy]*; (*food*) heerlijk *[hayrluhk]*; (*beach*) prachtig *[pracнticн]*; (*weather*) schitterend *[scнitterent]*; **thank you, that's beautiful** dank u wel, dat is schitterend *[dat iss]*
beauty salon een schoonheidssalon (*de*) *[scнohnheyts-salon]*
because omdat; **because of the weather** vanwege het weer *[vanvaycнuh it vayr]*
bed het bed *[bet]*; **single bed** het eenpersoonsbed *[aynpersohns—]*; **double bed** het tweepersoonsbed *[tvay—]*; **you haven't made my bed** u hebt mijn bed niet opgemaakt *[œ hebt meyn … neet opcнemahkt]*; **I'm going to bed** ik ga naar bed *[cнah nahr]*; **he's still in bed** hij is nog steeds in zijn bed *[hey iss nocн stayts in zeyn]*
bed and breakfast logies met ontbijt *[lojeess met ontbeyt]*
bedclothes het beddegoed *[bedduhcнoot]*
bed linen de beddelakens *[bedduhlahkens]*
bedroom de slaapkamer *[slahpkahmer]*
bee een bij (*de*) *[bey]*
beef het rundvlees *[roontvlayss]*
beer het bier *[beer]*; **two beers, please** twee pils, alstublieft *[tvay pils alstœbleeft]*
before: before breakfast voor het ontbijt *[vohr it ontbeyt]*; **before I leave** voor ik weg ga *[vohr ik vecн cнah]*; **I haven't been here before** ik ben hier nog nooit eerder geweest *[heer nocн noyt ayrder cнevayst]*
begin: when does it begin? wanneer begint het? *[vanayr becнint it]*
beginner een beginneling (*de*) *[becнinneling]*; **I'm just a beginner** ik ben maar een beginneling *[mahr in]*
beginning: at the beginning in het begin *[becнin]*
behavio(u)r het gedrag *[cнedracн]*
behind achter *[acнter]*; **the driver behind me** de automobilist achter mij *[mey]*
beige beige
Belgian (*adj*) Belgisch *[belcнeess]*; (*man*) een Belg *[belcн]*; (*woman*) een Belgische (*de*) *[belcнeessuh]*
Belgium België *[belcнee-uh]*
believe: I don't believe you ik geloof je niet *[cнelohf yuh neet]*; **I believe you** ik geloof je
bell (*door*) deurbel (*de*) *[durrbell]*; (*church*) de kerkklok *[kairk-]*
belly-flop een platte duik (*de*) *[plattuh dowk]*
belong: that belongs to me dat is van mij *[mey]*; **who does this belong to?** van wie is dit? *[van vee iss dit]*

belongings: all my belongings al mijn bezittingen *[al meyn bezittinguh]*
below onder; **below the knee** onder de knie *[k-nee]*
belt de riem *[reem]*
bend (*in road*) de bocht *[bocht]*
Benelux Benelux *[baynuhloox]*
berries bessen *[bessuh]*
berth (*on ship*) een hut (*de*) *[hoot]*; (*on train*) een couchette (*de*)
beside: beside the church naast de kerk *[nahst]*; **sit beside me** kom naast mij zitten *[mey zittuh]*
besides: besides that afgezien daarvan *[afchezeen dahrvan]*
best best; **the best hotel in town** het beste hotel in de stad *[duh stat]*; **that's the best meal I've ever had** da is de beste maaltijd die ik ooit gehad heb *[iss duh bestuh mahlteyt dee ik oyt chehat heb]*
bet: I bet you 5 guilders ik wed met u om 5 gulden *[vet met oo om veyf choolden]*
better beter *[bayter]*; **that's better** dat is beter; **are you feeling better?** voel je je nu beter? *[vool yuh yuh noo]*; **I'm feeling a lot better** ik voel mij stukken beter *[stookkuh]*; **I'd better be going now** ik moest nu maar eens opstappen *[moost noo mahr ayns opstappuh]*
between tussen
beyond verder dan *[vairder]*
bicycle de fiets *[feets]*; **can we rent bicycles here?** kunnen we hier fietsen huren? *[koonuh wuh heer feetsuh hooruh]*
bidet een bidet (*de*) *[beeday]*
big groot *[chroht]*; **a big one** een grote *[chrohtuh]*; **that's too big** dat is te groot *[tuh]*; **it's not big enough** het is niet groot genoeg *[it iss neet ... chenooch]*
bigger groter *[chrohter]*
bike de fiets *[feets]*; (*motorbike*) de motorfiets
bikini een bikini (*de*)
bill de rekening *[raykening]*; **could I have the bill, please?** kan ik afrekenen, alstublieft *[afraykenuh alstoobleeft]*
billfold een portefeuille (*de*) *[portefuh-yuh]*
billiards het biljarten *[bilyartuh]*
bingo het bingo
bird een vogel (*de*) *[vohchel]*
biro de balpen

birthday de verjaardag *[ver-yahrdach]*; **it's my birthday** het is mijn verjaardag *[it iss meyn]*; **when is your birthday?** wanneer bent u jarig? *[vannayr bent oo yahrich]*; **happy birthday!** hartelijk gefeliciteerd! *[harteluhk chefayleesee-tayrt]*
biscuit een biscuit (*de*) *[biskwee]*
bit: just a little bit for me voor mij maar een klein beetje *[vohr mey mahr in kleyn baytyuh]*; **a big bit** een groot stuk *[chroht stook]*; **a bit of that cake** een stuk van die taart *[dee tahrt]*; **it's a bit too big for me** het is een beetje te groot voor mij *[baytyuh tuh]*; **it's a bit cold today** het is wat fris vandaag *[it iss vat friss vandahch]*
bite (*dog*) een beet (*de*) *[bayt]*; **I've been bitten** (*by insect*) ik ben gestoken *[chestohkuh]*; **do you have something for insect bites?** hebt u iets tegen insektensteken? *[hebt oo eets taychuh insektuhstaykuh]*
bitter (*taste etc*) bitter
bitter lemon een bitter lemon
black zwart *[zvart]*; *see* **coffee**
black and white (*photograph*) zwart-wit *[zvart-vit]*
blackout: he's had a blackout hij is bewusteloos geraakt *[hey iss bevoostelohss cherahkt]*
bladder de blaas *[blahss]*
blanket de deken *[daykuh]*; **I'd like another blanket** ik zou graag nog een deken willen *[zow chrahch noch in ... villuh]*
blast! verdorie! *[verdohree]*
blazer een blazer (*de*)
bleach (*for loo etc*) een bleekmiddel (*het*) *[blaykmiddel]*
bleed bloeden *[blooduh]*; **he's bleeding** hij bloedt *[hey bloot]*
bless you! gezondheid! *[chezontheyt]*
blind blind *[blint]*
blinds de rolgordijnen *[rollchordeynuh]*
blind spot een blinde vlek (*de*) *[blinduh]*
blister een blaar (*de*) *[blahr]*
blocked (*road*) versperd *[verspairt]*; (*pipe*) verstopt
block of flats een flatgebouw (*het*) *[flatchebow]*
blond blond
blonde een blondine (*de*) *[blondeenuh]*

blood bloed (*het*) *[bloot]*; **his blood group is ...** zijn bloedgroep is ... *[zeyn blootCHroop iss]*; **I have high blood pressure** ik heb een hoge bloeddruk *[hohCHuh blootdrook]*
bloody mary een bloody mary (*de*)
blouse een blouse (*de*) *[blooss]*
blow-dry droogföhnen *[drohCHfurnuh]*
blue blauw *[blow]*
blusher de rouge
board: full board volpension *[volpenshon]*; **half board** halfpension *[hal-f—]*
boarding house een pension (*het*) *[penshon]*
boarding pass een instapkaart (*de*) *[instapkahrt]*; (*ship*) een inschepingskaart (*de*) *[insCHaypingskahrt]*
boat een boot (*de*) *[boht]*
boatyard de werf *[vairf]*
body het lichaam *[liCHahm]*
boil (*on skin*) een steenpuist (*de*) *[staynpowst]*; **to boil the water** het water koken *[kohkuh]*
boiled egg een gekookt ei (*het*) *[CHekohkt ey]*
boiling hot kokend heet *[kohkent hayt]*
bomb de bom
bone het bot
bonnet (*of car*) de motorkap
book het boek *[book]*; (*reserve*) bespreken *[bespraykuh]*; **I'd like to book a table for two** ik wil graag een tafel voor twee personen bespreken *[vill CHrahCH in tahfel vohr tvay persohnuh]*
bookshop, bookstore een boekwinkel (*de*) *[bookvinkel]*
boot (*of car*) de kofferbak
booze sterke drank *[stairkuh drank]*; **I had too much booze** ik had teveel gedronken *[tevayl CHedronkuh]*
border (*of country*) de grens *[CHrens]*
bored: I'm bored ik verveel me *[vervayl muh]*
boring saai *[sahi]*
born: I was born in ... ik ben in ... geboren *[CHebohruh]*
borrow: may I borrow ...? kan ik ... lenen? *[laynuh]*
boss de baas *[bahss]*
both beide *[beyduh]*; **I'll take both of them** ik neem ze alle twee *[naym zuh alluh tvay]*; **we'll both come** we komen beiden *[vuh kohmuh]*
bother: sorry to bother you het spijt me dat ik u lastig val *[it speyt muh dat ik oo lastiCH val]*; **it's no bother** het geeft niets *[it CHayft neets]*; **it's such a bother** het is zo lastig
bottle de fles *[fless]*; **a bottle of wine** een fles wijn *[veyn]*; **another bottle, please** nog een fles, alstublieft *[noCH in ... alstoobleeft]*
bottle-opener een flesopener (*de*) *[fless—]*
bottom (*of person*) de bips; **at the bottom of the hill** aan de voet van de heuvel *[ahn duh voot van duh hurvel]*
bottom gear de eerste versnelling *[ayrstuh]*
bouncer een uitsmijter (*de*) *[owtsmeyter]*
bow (*of ship*) de boeg *[booCH]*
bowels de ingewanden *[inCHevanduh]*
bowling (*ten pin*) bowling (*het*)
bowls (*game*) het kegelspel *[kayCHelspell]*
box de doos *[dohss]*
box lunch een lunchpakket (*het*) *[loonshpakket]*
box office het loket *[lohket]*
boy een jongen (*de*) *[yong-uh]*
boyfriend: my boyfriend mijn vriend *[meyn vreent]*
bra een b.h. (*de*) *[bayha]*
bracelet een armband (*de*)
brake de rem; **there's something wrong with the brakes** er is iets mis met de remmen *[er iss eets miss met duh remmuh]*; **can you check the brakes?** kunt u de remmen controleren? *[koont oo ... kontrolayruh]*; **I had to brake suddenly** ik moest plotseling remmen *[moost plotseling]*
brake fluid de remvloeistof *[remvlooystoff]*
brandy een cognac (*de*)
brave dapper
bread het brood *[broht]*; **could we have some bread and butter?** kunnen we brood en boter krijgen? *[koonnuh vuh ... en bohter kreyCHuh]*; **some more bread, please** meer brood, alstublieft *[mayr ... alstoobleeft]*; **white bread** het wittebrood *[vittuh—]*; **brown bread** het bruinbrood *[brown—]*; **wholemeal bread** het volkorenbrood *[vollkohruh—]*;

rye bread het roggebrood *[roCHuh—]*
break breken *[braykuh]*; **I think I've broken my ankle** ik geloof dat ik mijn enkel gebroken heb *[CHelohf dat ik meyn enkel CHebrohkuh heb]*; **it keeps breaking** het breekt steeds *[it braykt stayts]*
breakdown (*car*) autopech (*de*) *[OWtopeCH]*; **I've had a breakdown** (*car*) ik heb autopech gehad *[CHe-hat]*; **nervous breakdown** een zenuwinzinking (*de*) *[zaynœwinzinking]*
breakfast het ontbijt *[ontbeyt]*; **English/full breakfast** een warm ontbijt *[in varm]*; **continental breakfast** een ontbijt zonder warm gerecht *[CHereCHt]*
break in: somebody's broken in er heeft iemand ingebroken *[er hayft eemant inCHebrohkuh]*
breast de borst
breast-feed de borst geven *[CHayvuh]*
breath adem *[ahdem]*; **out of breath** buiten adem *[bOWtuh]*
breathe ademen *[ahdemuh]*; **I can't breathe** ik kan geen adem halen *[CHayn ahdem hahluh]*
breathtaking adembenemend *[ahdembenayment]*
breeze een bries (*de*) *[breess]*
breezy (*fresh, cool*) winderig *[vinderiCH]*
bridal suite (*in hotel*) de bruidssuite *[brOWtsweetuh]*
bride de bruid *[browt]*
bridegroom de bruidegom *[brOWduhCHom]*
bridge de brug *[broocH]*; (*card game*) bridge
brief kort
briefcase de aktentas *[aktentass]*
bright (*light etc*) fel *[fell]*; **bright red** felrood *[fellroht]*
brilliant (*idea*) schitterend *[sCHitterent]*; (*person*) briljant *[brillyant]*
bring meebrengen *[maybrenguh]*; **could you bring it to my hotel?** kunt u het naar mijn hotel brengen? *[koont œ it nahr meyn hotel brenguh]*; **I'll bring it back** ik breng het terug *[terooCH]*; **can I bring a friend too?** kan ik ook een vriend meebrengen? *[ohk in vreent]*
Britain Groot-Brittannië *[CHroht-brittanyuh]*
British Brits

brochure de brochure *[broshœruh]*; **do you have any brochures on ...?** hebt u brochures over ...? *[hebt œ ...]*
broke: I'm broke ik ben blut *[bloott]*
broken kapot; **you've broken it** je hebt het gebroken *[yuh hebt it CHebrohkuh]*; **it's broken** het is kapot; **broken nose** een gebroken neus *[nurss]*
brooch een broche (*de*) *[broshuh]*
brother: my brother mijn broer *[meyn broor]*
brother-in-law: my brother-in-law mijn zwager *[meyn zvahCHer]*
brown bruin *[brown]*; **I don't go brown** ik word niet bruin *[vort neet]*
brown paper pakpapier *[pakpapeer]*
browse: may I just browse around? kan ik gewoon wat rondkijken? *[CHevohn vat rontkeykuh]*
bruise een blauwe plek (*de*) *[blOWuh]*
brunette een brunette (*de*)
brush (*hair*) een borstel (*de*); (*artist's*) het penseel *[pensayl]*
Brussels sprouts spruitjes *[sprOWtyuhs]*
bubble bath het schuimbad *[sCHOWmbat]*
bucket een emmer (*de*)
buffet het buffet *[bœfet]*
bug (*insect*) een insekt (*het*); **she's caught a bug** ze heeft een virus opgelopen *[zuh hayft in veerus opCHelohpuh]*
building een gebouw (*het*) *[CHebOW]*
bulb (*flower*) een bloembol (*de*) *[bloomboll]*; **we need a new (light)bulb** we moeten een nieuw lichtpeertje hebben *[vuh mootuh in 'new' liCHtpayrtyuh hebbuh]*
bulb fields de bollenvelden *[—velduh]*
bull een stier (*de*) *[steer]*
bump: I bumped my head ik heb mijn hoofd gestoten *[meyn hohft CHestohtuh]*
bumper de bumper *[boomper]*
bumpy (*road*) hobbelig *[hobbeliCH]*
bunch of flowers een bos bloemen (*de*) *[boss bloomuh]*
bungalow de bungalow
bunion een eeltknobbel (*de*) *[aylt-knobbel]*
bunk (*train*) een couchette; (*ship*) een kooi (*de*) *[koy]*
bunk beds stapelbedden *[stahpelbedduh]*
buoy de reddingsboei *[reddingsbooy]*

burglar een inbreker (*de*) *[inbrayker]*
burn: do you have an ointment for burns? hebt u een zalf voor brandwonden? *[hebt ꝏ in zalf vohr brantvonduh]*
burnt: this meat is burnt dit vlees is aangebrand *[vlayss iss ahnCHebrant]*; **my arms are so burnt** mijn armen zijn heel erg verbrand *[meyn armuh zeyn hayl airCH verbrant]*
burst: a burst pipe een gesprongen leiding *[in CHespronguh leyding]*
bus de bus *[booss]*; **is this the bus for ...?** is dit de bus naar ...? *[iss dit duh booss nahr]*
bus driver de buschauffeur
business zaken *[zahken]*; **I'm here on business** ik ben hier voor zaken *[heer vohr zahken]*
bus station het busstation *[booss-stashon]*
bus stop de bushalte *[booss-haltuh]*; **will you tell me which bus stop I get off at?** kunt u mij vertellen bij welke bushalte ik eruit moet? *[koont ꝏ mey vertelluh bey velkuh ... ik erowt moot]*
bust het borstbeeld *[borstbaylt]*
bus tour de busreis *[boossreyss]*
busy (*street, restaurant etc*) druk *[drook]*; **I'm busy this evening** ik heb het vanavond druk *[vanahvont]*; **the line was busy** de lijn was bezet *[duh leyn vass bezet]*
but maar *[mahr]*; **not ... but ...** niet ... maar ... *[neet]*
butcher de slager *[slahCHer]*
butter de boter *[bohter]*
butterfly een vlinder (*de*)
button een knoop (*de*) *[k-nohp]*
buy: I'll buy it ik koop het *[kohp it]*; **where can I buy ...?** waar kan ik ... kopen? *[vahr kan ik ... kohpuh]*
by: by train/car per trein/auto *[per treyn/owtoh]*; **who's it written by?** wie heeft het geschreven? *[vee hayft it CHesCHrayvuh]*; **it's by Van Gogh** het is een van Gogh *[it iss in]*; **I came by myself** ik ben alleen gekomen *[allayn CHekohmuh]*; **a seat by the window** een plaats bij het raam *[in plahts bey it rahm]*; **by the sea** aan zee *[ahn zay]*; **can you do it by Wednesday?** kun je het voor woensdag klaar hebben? *[koon yuh it vohr woonsdaCH klahr hebbuh]*
bye-bye tot ziens *[tot zeens]*
bypass (*road*) een rondweg (*de*) *[rontveCH]*

C

cab (*taxi*) een taxi (*de*)
cabaret een cabaret (*het*)
cabbage de kool *[kohl]*; (*red cabbage*) de rode kool *[rohduh]*
cabin een hut (*de*) *[hoot]*
cable (*elec*) de kabel *[kahbel]*
café een café (*het*) *[kafay]*
caffeine cafeïne *[kafay-eenuh]*; **caffeine-free coffee** cafeïnevrije koffie *[—vrey-yuh koffee]*
cake een taart (*de*) *[tahrt]*; **a piece of cake** een stuk taart *[stook]*
calculator een rekenmachine (*de*) *[raykenmasheenuh]*
calendar de kalender
call: what is this called? hoe noem je dit? *[hoo noom yuh dit]*; **call the police!** roep de politie! *[roop duh poleesee]*; **call the manager!** roep de chef! *[sheff]*; **I'd like to make a call to England** ik wil graag naar Engeland bellen *[vill CHrahCH nahr engelant belluh]*; **I'll call back later** (*come back*) ik kom straks wel terug *[vell terooCH]*; (*phone back*) ik bel straks wel terug; **I'm expecting a call from London** ik verwacht een telefoongesprek uit Londen *[vervaCHt 'n telefohnCHesprek owt]*; **would you give me a call at 7.30 tomorrow morning?** kunt u mij morgen om half acht wekken? *[koont ꝏ mey morCHuh ... vekkuh]*; **it's been called off** het is afgelast *[it iss*

afCHelast]
call box een telefooncel (*de*) *[telefohnsell]*
calm kalm; **calm down!** bedaar je! *[bedahr yuh]*
calor gas (*tm*) Butagas *[bœtaCHass]*
calories calorieën *[kaloree-yuh]*
camera een camera (*de*)
camp: is there somewhere we can camp? kunnen we ergens kamperen? *[koonuh vuh airCHens kampayruh]*; **can we camp here?** kunnen we hier kamperen? *[heer]*
campbed een veldbed (*het*) *[veltbet]*
camping kamperen *[kampayruh]*
campsite een camping (*de*)
can een blik (*het*); **a can of beer** een blikje bier *[blikyuh beer]*
can: can I ...? kan ik ...?; **can you ...?** (*polite form*) kunt u ...? *[koont œ]*; (*familiar form*) kun je ...? *[koon yuh]*; **can he ...?** kan hij ...? *[kan hey]*; **can we ...?** kunnen wij ...? *[koonuh vey]*; **can they ...?** kunnen zij ...? *[zey]*; **I can't ...** ik kan niet ... *[neet]*; **he can't ...** hij kan niet ...; **can I keep it?** kan ik het houden? *['t howduh]*; **if I can** als ik het kan *[als ik 't kan]*; **that can't be right** dat kan niet goed zijn *[neet CHoot zeyn]*
Canada Canada
Canadian (*adj*) Canadees *[—ayss]*; (*man*) een Canadees (*de*); (*woman*) een Canadese (*de*) *[—ayssuh]*
canal (*in Amsterdam etc*) een gracht (*de*) *[CHraCHt]*; (*shipping*) een kanaal (*het*) *[kanahl]*
cancel annuleren *[annœlayruh]*; **can I cancel my reservation?** kan ik mijn reservering annuleren? *[meyn resairvayring]*; **can we cancel dinner for tonight?** kunnen we het diner voor vanavond afzeggen? *[koonuh vuh 't deenay vohr vanahvont afzeCHuh]*; **I cancelled it** ik heb het afgezegd *[afCHezeCHt]*
cancellation de annulering *[annœlayring]*
candle een kaars (*de*) *[kahrss]*
candy het snoepgoed *[snoopCHoot]*; **a piece of candy** een snoepje (*het*) *[snoopyuh]*
canoe een kano (*de*) *[kahnoh]*
can-opener een blikopener (*de*)
cap (*yachting etc*) een pet (*de*); (*of bottle*) de dop; **bathing cap** een badmuts (*de*) *[batmoots]*
capital city de hoofdstad *[hohftstat]*
capital letters de hoofdletters *[hohft—]*
capsize: it capsized het sloeg om *[slooCH om]*
captain (*ship*) de kapitein *[kapiteyn]*; (*plane*) de gezagvoerder *[CHezaCHvoorder]*
car een auto (*de*) *[owtoh]*
carafe de karaf
carat: is it 9/14 carat gold? is het 9/14 karaats goud? *[iss it nayCHuh/vayrteen karahts CHowt]*
caravan de caravan
caravan site een camping (*de*)
carbonated koolzuurhoudend *[kohlzœrhowdent]*
carburettor, carburetor de carburateur *[karbœraturr]*
card: do you have a (business) card? hebt u een visitekaartje? *[hebt œ in veeseetuhkahrtyuh]*
cardboard box een kartonnen doos (*de*) *[kartonnuh dohss]*
cardigan een vest (*het*)
cards: do you play cards? speelt u kaart? *[spaylt œ kahrt]*
care: goodbye, take care tot ziens, pas goed op jezelf *[tot zeens, pass CHoot op yuhzelf]*; **will you take care of this bag for me?** wilt u op deze letten? *[vilt œ op dayzuh tass lettuh]*; **care of ...** per adres ...
careful: be careful wees voorzichtig *[vayss vohrziCHtiCH]*
careless: that was careless of you dat was slordig van je *[slordiCH]*; **careless driving** roekeloos rijden *[rookelohss reyduh]*
car ferry de autoveerboot *[owtohvayrboht]*
car hire de autoverhuur *[owtoh-verhœr]*
car keys de autosleutels *[owtoslurtels]*
carnation een anjelier (*de*) *[anyeleer]*
carnival het carneval
car park het parkeerterrein *[parkayrterreyn]*
carpet het tapijt *[tapeyt]*
car rental (*shop*) de autoverhuur *[owtohverhœr]*
carrot de wortel *[vortel]*
carry dragen *[drahCHuh]*; **could you**

carry this for me? kunt u dit voor mij dragen? *[koont ꝏ dit vohr mey]*
carry-all een reistas (*de*) *[reysstass]*
carry-cot de reiswieg *[reyssveeᴄʜ]*
carry-on: what a carry-on! wat een gedoe! *[vat in ᴄʜedoo]*
car-sick: I get car-sick ik word wagenziek *[vort vahᴄʜenzeek]*
carton (*of cigarettes*) een slof cigaretten (*de*) *[sloff siᴄʜarettuh]*; **a carton of milk** een pak melk
carving (*wood*) een houtsnijwerk (*het*) *[howtsneyvairk]*
carwash (*place*) een autowasplaats (*de*) *[owtovassplahts]*
case (*suitcase*) de koffer; **in any case** in ieder geval *[in eeder ᴄʜeval]*; **in that case** in dat geval; **it's a special case** het is een speciaal geval *[spayshahl]*; **in case he comes back** voor het geval hij terugkomt *[hey terooᴄʜkomt]*; **I'll take two just in case** ik neem er twee voor alle zekerheid *[naym er tvay vohr alluh zaykerheyt]*
cash contant geld *[kontant ᴄʜelt]*; **I don't have any cash** ik heb helemaal geen geld *[hayluhmahl ᴄʜayn]*; **I'll pay cash** ik betaal contant *[betahl]*; **will you cash a cheque/check for me?** kunt u een cheque voor mij verzilveren? *[koont ꝏ in shek vohr mey verzilveruh]*
cashdesk de kassa
cash dispenser de geldautomaat *[ᴄʜeltowtomaht]*
cash register het kasregister *[kassrayᴄʜister]*
casino het casino
cassette een cassette (*de*) *[kassetuh]*
cassette player de cassette-speler *[kassetuh-spayler]*
cassette recorder de cassette-recorder *[kassetuh—]*
castle het kasteel *[kastayl]*
casual: casual clothes de vrijetijdskleding *[vreyuhteyts-klayding]*
cat een kat (*de*)
catamaran een catamaran (*de*)
catastrophe een ramp (*de*)
catch: the catch has broken de sluiting is gebroken *[duh slowting iss ᴄʜebrohkuh]*; **where do we catch the bus?** waar kunnen we de bus nemen? *[vahr koonuh vuh duh booss naymuh]*; **he's caught some strange illness** hij heeft een of andere vreemde ziekte opgelopen *[hey hayft ayn of anderuh vraymduh zeektuh opᴄʜelohpuh]*
catching: is it catching? is het besmettelijk? *[iss it besmetteluhk]*
cathedral de kathedraal *[katedrahl]*
Catholic katholiek *[katoleek]*
cauliflower de bloemkool *[bloomkohl]*
cause de oorzaak *[ohrzahk]*
cave de grot *[ᴄʜrot]*
caviar de kaviaar
ceiling het plafond *[plafon]*
celebrations de festiviteiten *[festeevee-teytuh]*
celery de selderij *[selderee]*
cellophane het cellofaan *[sellofahn]*
Celsius Celsius
cemetery de begraafplaats *[beᴄʜrahf-plahts]*
center (*city*) het centrum; *see also* **centre**
centigrade Celsius; *see page 121*
centimetre, centimeter een centimeter (*de*) *[senteemayter]*; *see page 119*
central centraal *[sentrahl]*; **we'd prefer something more central** we zitten liever dichter bij het centrum *[vuh zittuh leever diᴄʜter bey]*
central heating de centrale verwarming *[sentrahluh vervarming]*
central station het centraal station *[sentrahl stashon]*
centre het centrum; **how do we get to the centre?** hoe komen we in het centrum? *[hoo kohmuh vuh]*; **in the centre** (*of town*) in het centrum
century de eeuw *[ayoo]*; **in the 19th/20th century** in de 19de/20ste eeuw *[nayᴄʜenteenduh/tvintiᴄʜstuh ayoo]*
ceramics de keramiek *[kayrameek]*
certain zeker *[zayker]*; **are you certain?** weet je het zeker? *[vayt yuh]*; **I'm absolutely certain** ik weet het absoluut zeker *[absolꝏt]*
certainly zeker *[zayker]*; **certainly not** beslist niet *[neet]*
certificate een certificaat (*het*) *[sairteefeekaht]*; **birth certificate** een geboortebewijs (*het*) *[ᴄʜebohrtuh-beveyss]*
chain de ketting
chair een stoel (*de*) *[stool]*
chalet (*on beach*) een zomerhuisje (*het*)

[zohmerhowsyuh]
chambermaid het kamermeisje *[kahmermeyshuh]*
champagne de champagne *[shampan-yuh]*
chance: quite by chance heel toevallig *[hayl toovallicн]*; **no chance!** geen kans! *[cнayn kanss]*
change: could you change this into guilders? kunt u dit in guldens omwisselen? *[koont ꝏ dit in cнooldens omvissсluh]*; **I haven't any change** ik heb helemaal geen kleingeld *[hayluhmahl cнayn kleyncнelt]*; **can you give me change for a 100 guilder note?** kunt u een biljet van honderd gulden wisselen? *[koont ꝏ 'n beelyett van hondert cнoolden]*; **can I change this for ...?** kan ik dit ruilen voor ...? *[rowluh vohr]*; **do we have to change (trains)?** moeten we overstappen? *[mootuh vuh overstappuh]*; **for a change** voor de verandering *[vohr duh verandering]*; **you haven't changed the sheets** u hebt de lakens niet verschoond *[ꝏ hebt duh lahkens neet verscнohnt]*; **the place has changed so much** het is hier erg veranderd *[heer aircн]*; **do you want to change places with me?** wilt u mischien met mij van plaats verwisselen? *[vilt ꝏ miscнeen met mey van plahts vervisselluh]*
changeable (*person*) wispelturig *[vispeltꝏricн]*; (*weather*) veranderlijk *[veranderluhk]*
channel: the English Channel het Kanaal *[kanahl]*
chaos een chaos (*de*)
chap de man; **the chap at reception** de meneer aan de receptie *[menayr ahn duh resepsee]*
chapel een kapel (*de*)
charge: is there an extra charge? wordt het extra in rekening gebracht? *[vort it extra in raykening cнebracнt]*; **what do you charge?** hoeveel vraagt u? *[hoovayl vrahcнt ꝏ]*; **who's in charge here?** wie heeft hier de leiding? *[vee hayft heer duh leyding]*
charmer: he's a real charmer hij is een echte charmeur *[hey iss in ecнtuh sharmurr]*
charming (*person*) charmant *[sharmant]*
chart (*sea*) een zeekaart (*de*) *[zaykahrt]*; (*weather*) de weerkaart *[vayrkahrt]*; **pop-charts** de hitlijsten *[hit-leystuh]*
charter flight een chartervlucht (*de*) *[—vloocнt]*
cheap goedkoop *[cнootkohp]*; **do you have something cheaper?** hebt u iets goedkopers? *[ꝏ eets cнootkohpers]*
cheat: I've been cheated ik ben bedrogen *[bedrohcнuh]*
check: will you check? wilt u dat nakijken? *[vilt ꝏ dat nahkeykuh]*; **will you check the steering?** kunt u de stuurinrichting nakijken? *[koont ꝏ]*; **will you check the bill?** wilt u de rekening even controleren? *[vilt ꝏ duh raykening ayvuh kontrolayruh]*; **I've checked it** ik heb het gecontroleerd *[cнekontrolayrt]*
check (*money*) een cheque (*de*) *[sheck]*; **will you take a check?** accepteert u een cheque? *[akseptayrt ꝏ 'n]*
check (*bill*) de rekening *[duh raykening]*; **may I have the check please?** kan ik afrekenen, alstublieft *[afraykenuh alstꝏbleeft]*
checkbook een chequeboek (*het*) *[sheckbook]*
checked (*shirt etc*) geruit *[cнerowt]*
checkers het damspel
check-in (*at airport*) de 'check-in' balie *[bahlee]*
checkroom de garderobe *[cнarderobuh]*
cheek de wang *[vang]*; **what a cheek!** wat brutaal, zeg! *[vat brꝏtahl zecн]*
cheeky brutaal *[brꝏtahl]*
cheerio tot ziens *[tot zeens]*
cheers (*thank you*) bedankt; (*toast*) proost *[prohst]*
cheer up! kop op!
cheese de kaas *[kahss]*
cheesecake de kwarktaart *[kvarktahrt]*
chef de chef de cuisine *[sheff duh kvee-zeen]*
chemist de drogisterij *[drohcнisterey]*; (*dispensing*) de apotheek *[apotayk]*
cheque een cheque (*de*) *[sheck]*; **will you take a cheque?** neemt u een cheque aan? *[naymt ꝏ 'n ... ahn]*
cheque book een chequeboek (*het*) *[sheckbook]*
cheque card een cheque kaart (*de*) *[sheck kahrt]*
cherry een kers (*de*) *[kairss]*

chess het schaakspel *[sCHahkspell]*
chest de borstkas
chewing gum het kauwgum *[kowCHoom]*
chicken de kip
chickenpox de waterpokken *[vahter-pokkuh]*
child een kind (*het*) *[kint]*; **children** de kinderen *[kin-deruh]*
child minder een kinderoppas (*de*)
child minding service de kinderoppasdienst *[kin-der-opass-deenst]*
children's playground een kinderspeelplaats (*de*) *[kin-der-spaylplahts]*
children's pool het kinderbad *[kin-derbat]*
children's portion een kinderportie (*de*) *[kin-derporsee]*
children's room de kinderkamer *[-kahmer]*
chilled (*wine*) gekoeld *[CHekoolt]*; **it's not properly chilled** het is niet goed gekoeld *[it iss neet CHoot]*
chilly (*weather*) fris
chimney de schoorsteen *[sCHohrstayn]*
chin de kin
china het porselein *[porseleyn]*
chips de patates frites *[patat freet]*; **potato chips** de chips *[sheeps]*
chiropodist een chiropodist (*de*) *[CHeeropohdist]*
chocolate de chocolade *[shokolahduh]*; **a chocolate bar** een reep chocolade (*de*) *[rayp]*; **a box of chocolates** een doos chocolade (*de*) *[dohss]*; **assorted chocolates** bonbons; **hot chocolate** de warme chocolademelk *[varmuh —melk]*
choke (*car*) de choke *[shohk]*
choose: it's hard to choose het is moeilijk om een keuze te maken *[it iss mooyluhk om 'n kurzuh te mahkuh]*; **you choose for us** kies jij maar voor ons *[keess yey mahr vohr ons]*
chop: pork/lamb chop een varkens/lamskarbonade (*de*) *[-karbonahduh]*
Christian name de voornaam *[vohrnahm]*
Christmas Kerstmis *[kairstmiss]*; **merry Christmas** Vrolijk Kerstfeest *[vrohluhk kairstfayst]*
church een kerk (*de*); **where is the Protestant/Catholic Church?** waar is de protestantse/katholieke kerk?
cider een appelwijn (*de*) *[appelveyn]*
cigar een sigaar (*de*) *[siCHahr]*
cigarette een sigaret (*de*) *[siCHarett]*; **tipped/plain cigarettes** sigaretten met/zonder filter
cigarette lighter een aansteker (*de*) *[ahnstayker]*
cine-camera een filmcamera (*de*)
cinema de bioscoop *[bee-oskohp]*
circle de cirkel; (*cinema: seats*) het balcon
citizen een burger (*de*) *[boorCHer]*; **I'm a British/American citizen** ik ben een Brits/Amerikaans staatsburger *[stahts—]*
city een stad (*de*) *[stat]*
city centre, city center het stadscentrum *[statsentroom]*
claim (*insurance*) een vordering tot schadevergoeding (*de*) *[sCHahduh-verCHooding]*
claim form (*insurance*) een schadeformulier (*het*) *[sCHahduh-formœleer]*
clarify ophelderen *[op-helderuh]*
classical klassiek *[klasseek]*
clean (*adj*) schoon *[sCHohn]*; **may I have some clean sheets?** kan ik schone lakens krijgen? *[kreyCHuh]*; **our room hasn't been cleaned today** onze kamer is vandaag niet schoongemaakt *[kahmer iss vandahCH neet sCHohnCHemahkt]*; **can you clean this for me?** (*clothes*) kunt u dit voor mij schoonmaken *[koont œ dit vohr mey —mahkuh]*
cleansing cream een reinigingscrème (*de*) *[reyniCHingskrem]*
clear: it's not very clear het is niet erg duidelijk *[it iss neet airCH dowdeluhk]*; **OK, that's clear** (*understood*) oké, dat is duidelijk *[okay dat iss]*
clever schrander *[sCHrander]*
climate het klimaat *[klimaht]*
climb: it's a long climb to the top het is een lange klim naar de top *[it iss 'n languh klim nahr duh top]*
clinic een kliniek (*de*) *[kleeneek]*
cloakroom (*for coats*) de garderobe *[CHarderobuh]*; (*WC*) de W.C. *[vaysay]*
clock de klok
clog een klomp (*de*)
close: is it close? is het dichtbij? *[iss 't*

dicнtbey]; **close to the hotel** vlakbij het hotel *[vlakbey 't]*; **close by** vlakbij; (*weather*) bedrukt *[bedrookt]*
close: when do you close? hoe laat sluit u? *[hoo laht slowt œ]*
closed gesloten *[cнeslohtuh]*; **they were closed** ze waren dicht *[zuh vahruh dicнt]*
closet de kast
cloth (*material*) de stof; (*rag etc*) een doek (*de*) *[dook]*
clothes de kleren *[klayruh]*
clothes line de drooglijn *[drohcнleyn]*
clothes peg, clothes pin de wasknijper *[vass-k-neyper]*
cloud een wolk (*de*) *[volk]*; **it's clouding over** het raakt bewolkt *[it rahkt bevolkt]*
cloudy bewolkt *[bevolkt]*
club een club (*de*) *[kloob]*
clubhouse het clubhuis *[kloobhowss]*
clumsy onhandig *[onhandicн]*
clutch (*car*) de koppeling; **the clutch is slipping** de koppeling slipt
coach de touringcar
coach party het reisgezelschap *[reysscнezelscнap]*
coach trip een bustocht (*de*) *[boosstocнt]*
coast de kust *[koost]*; **at the coast** aan de kust *[ahn duh]*
coastguard de kustwacht *[koostvacнt]*
coat (*overcoat etc*) de overjas *[overyass]*; (*jacket*) de jas *[yass]*
coathanger een kleerhanger (*de*) *[klayr—]*
cobbled street een straat met ronde keien *[straht met ronduh keyuh]*
cobbler de schoenmaker *[scнoonmahker]*
cockroach een kakkerlak (*de*)
cocktail een cocktail (*de*)
cocktail bar de cocktailbar
cocoa een warme chocolademelk (*de*) *[varmuh shokolahduhmelk]*
coconut een kokosnoot (*de*) *[kokosnoht]*
cod de kabeljauw *[kabelyow]*
code: what's the (dialling) code for ...? wat is het netnummer voor ...? *[vat iss it netnoomer vohr]*
coffee een koffie (*de*) *[koffee]*; **white coffee, coffee with milk** een koffie met melk; **black coffee** zwarte koffie *[zvartuh]*; **two coffees, please** twee koffie, alstublieft
coin de munt *[moont]*
Coke (*tm*) een coca cola (*de*)
cold koud *[kowt]*; **I'm cold** ik heb het koud; **I have a cold** ik ben verkouden *[verkowduh]*
coldbox (*for carrying food*) een koelbox (*de*) *[koolbox]*
cold cream de cold cream
collapse: he's collapsed hij is in elkaar gezakt *[hey iss in elkahr cнezakt]*
collar (*coat*) de kraag *[krahcн]*; (*shirt*) het boord *[bohrt]*
collar bone het sleutelbeen *[slurtelbayn]*
colleague: my colleague mijn collega *[meyn kollaycнa]*; **your colleague** uw collega *[oow]*
collect: I've come to collect ... ik kom ... ophalen *[ophahluh]*; **I collect ...** (*stamps etc*) ik verzamel ... *[verzahmel]*; **I want to call New York collect** ik had graag een b.o. gesprek met New York *[cнrahcн 'n bay oh cнesprek]*
college (*school*) de hogere beroepsschool *[hohcнeruh berœpscнohl]*
collision een botsing (*de*)
cologne de eau de cologne *[oh duh kolonyuh]*
colo(u)r de kleur *[klurr]*; **do you have any other colours?** hebt u ook andere kleuren? *[hebt œ anderuh klurruh]*
colo(u)r film een kleurenfilm (*de*) *[klurruh film]*
comb de kam
come komen *[kohmuh]*; **I come from London** ik woon in Londen *[vohn]*; **where do you come from?** waar komt u vandaan? *[vahr komt œ vandahn]*; **when are they coming?** wanneer komen ze? *[vanayr kohmuh zuh]*; **come here!** kom hier! *[kom heer]*; **come with me** kom met me mee *[muh may]*; **come back!** kom terug! *[terooch]*; **I'll come back later** ik kom straks terug; **come in!** kom binnen! *[binnuh]*; **it just came off** het ging er zomaar af *['t cнing er zohmahr af]*; **he's coming on very well** (*improving*) hij maakt goede vorderingen *[hey mahkt cнooduh vorderinguh]*; **it's coming on nicely** het begint er aardig uit te zien *['t becнint er ahrdicн owt tuh zeen]*; **come on!** kom nou! *[now]*; **do you want to come out this evening?** heb je zin om vanavond uit te gaan? *[heb yuh zin om vanahvont owt tuh cнahn]*; **these two pictures didn't come out** deze twee

foto's zijn mislukt *[dayzuh tvay fohtohs zeyn mislookt]*; **the money hasn't come through yet** het geld is nog niet gearriveerd *['t CHelt iss noCH neet CHe-arreevayrt]*
comfortable comfortabel *[—ahbel]*; **it's not very comfortable** het is niet erg comfortabel *[it iss neet airCH]*
Common Market de E.E.G. *[ay-ay-CHay]*
company (*firm*) het bedrijf *[bedreyf]*
comparison: there's no comparison het is niet te vergelijken *[it iss neet tuh verCHleykuh]*
compartment (*train*) de coupé *[koopay]*
compass het kompas
compensation de compensatie *[kompen-sahsee]*
complain klagen *[klahCHuh]*; **I want to complain about my room** ik wil mij beklagen over mijn kamer *[vill mey beklahCHuh ... meyn kahmer]*
complaint een klacht (*de*) *[klaCHt]*
complete compleet *[komplayt]*; **the complete set** de hele serie *[duh hayluh sayree]*; **it's a complete disaster** het is een volslagen ramp *[volslahCHuh ramp]*
completely: completely finished helemaal af *[hayluhmahl aff]*; **completely different** totaal anders *[totahl]*
complicated: it's very complicated het is erg ingewikkeld *[it iss airCH inCHevikkelt]*
compliment: my compliments to the chef mijn complimenten aan de kok *[meyn komplimentuh ahn de kok]*
comprehensive (*insurance*) een 'all risk' verzekering (*de*) *[verzaykering]*
compulsory verplicht *[verpliCHt]*
computer een computer (*de*)
concern: we are very concerned wij zijn erg bezorgd *[vey zeyn airCH bezorCHt]*
concert een concert (*het*)
concrete het beton
concussion een hersenschuding (*de*) *[hairsensCHooding]*
condenser (*car*) de condensator *[kondensahtor]*
condition: it's not in very good condition het is niet in een erg goede staat *[it iss neet in 'n airCH CHooduh staht]*
conditioner (*for hair*) de crèmespoeling *[krem-spooling]*
condom een condoom (*het*) *[kondohm]*
conductor (*rail*) de conducteur *[konduktur r]*
conference een conferentie (*de*) *[konferensee]*
confirm: can you confirm that? kunt u dat bevestigen? *[koont oo dat bevestiCHuh]*
confuse: it's very confusing dat is erg verwarrend *[airCH vervarrent]*
congratulations! gefeliciteerd! *[CHefayleeseetayrt]*
conjunctivitis bindvliesontsteking (*de*) *[bintvleessontstayking]*
connecting flight de aansluitende vlucht *[ahnslowtenduh vlooCHt]*
connection (*train*) de aansluiting *[ahnslowting]*
connoisseur een kenner (*de*)
conscious: he is conscious hij is bij kennis *[hey iss bey]*
consciousness: he's lost consciousness hij is bewusteloos geraakt *[hey iss bevoostuhlohss CHerahkt]*
constipation de verstopping
consul de consul
consulate het consulaat *[konsoolaht]*
contact: how can I contact ...? hoe kan ik ... bereiken? *[hoo ... bereykuh]*; **I'm trying to contact ...** ik probeer ... te bereiken *[probayr]*
contact lenses contactlenzen (*de*) *[kontaktlenzuh]*
continent: on the continent op het continent
contraceptive een voorbehoedsmiddel (*het*) *[vohrbehootsmiddel]*
contract een contract (*het*)
convenient (*time*) gelegen *[CHelayCHuh]*
cook: it's not properly cooked het is niet goed gaar *[neet CHoot CHahr]*; **it's beautifully cooked** het is heel erg goed bereid *[hayl airCH CHoot bereyt]*; **he's a good cook** hij kan goed koken *[hey kan CHoot kohkuh]*
cooker het fornuis *[fornOWss]*
cookie een koekje (*het*) *[kookyuh]*
cool koel *[kool]*
corduroy corduroy
cork de kurk *[koork]*
corkscrew een kurketrekker (*de*)

[koorkuh—]
corn (*foot*) een likdoorn (*de*) *[likdohrn]*
corner: on the corner op de hoek *[hook]*; **in the corner** in de hoek; **a corner table** een hoektafel *[hooktahfel]*
cornflakes de cornflakes
coronary een hartinfarct (*het*)
correct (*adj*) correct; **please correct me if I make a mistake** verbeter mij alstublieft als ik een fout maak *[verbayter mey alstœbleeft ... fowt mahk]*
corridor de gang *[cHang]*
corset het korset
cosmetics de cosmetica *[kosmaytikah]*
cost: what does it cost? hoeveel kost het? *[hoovayl kost 't]*
cot een kinderbedje (*het*) *[kinderbettyuh]*
cotton het katoen *[katoon]*; **cotton dress** de katoenen jurk *[—uh yurk]*
cotton buds de wattenstokjes *[vattuhstokyuhs]*
cotton wool de watten *[vattuh]*
couch de bank
couchette een couchette (*de*)
cough hoesten *[hoostuh]*
cough drops de hoestpastilles *[hoostpasteeyuhs]*
cough medicine een hoestdrankje (*het*) *[hoostdrankyuh]*
could: could you ...? kunt u ...? *[koont œ ...]*; **could I have ...?** kan ik ... krijgen? *[kreycHuh]*; **I couldn't ...** ik kon ... niet *[neet]*
country het land *[lant]*; **in the country** op het platteland *[plattuh—]*
countryside het platteland *[plattuhlant]*
couple (*man and woman*) het paar *[pahr]*; (*married couple*) het echtpaar *[ecHt—]*; **a couple of ...** een paar ...
courier de koerier *[kooreer]*
course (*of meal*) de gang *[cHang]*; **of course** natuurlijk *[natœrluhk]*
court (*law*) de rechtbank *[recHtbank]*; (*tennis*) de tennisbaan *[—bahn]*
cousin: my cousin (*male*) mijn neef *[meyn nayf]*; (*female*) mijn nicht *[nicHt]*
cover charge het couvert *[koovair]*
cow een koe (*de*) *[koo]*
crab een krab (*de*)
cracked: it's cracked het is gebarsten *[it iss cHebarstuh]*
cracker (*for cheese*) de cracker
craftshop een kunstnijverheidswinkel (*de*) *[koonstneyverheytsvinkel]*
cramp (*in leg etc*) de kramp
crankshaft de krukas *[krook-ass]*
crash: there's been a crash er heeft een botsing plaatsgevonden *[er hayft in botsing plahtscHevonduh]*
crash course een spoedcursus (*de*) *[spootkoorsooss]*
crash helmet de valhelm *[val-helm]*
crawl (*swimming*) de crawlslag *['crawl'slacH]*
crazy gek *[cHek]*
cream (*on milk*) de room *[rohm]*; (*whipped*) de slagroom *[slacH—]*; (*for skin*) de crème *[krem]*; (*colour*) roomkleurig *[—klurricH]*
cream cheese de roomkaas *[rohmkahss]*
crèche de crèche
credit card de creditcard
crib (*for baby*) een kinderbed (*het*) *[kinderbet]*
crisis de crisis *[kreesis]*
crisps de chips *[sheeps]*
crockery het aardewerk *[ahrduhvairk]*
crook: he's a crook hij is een boef *[hey iss in boof]*
crossing (*by sea*) de overtocht *[—tocHt]*
crossroads een kruispunt (*het*) *[krowspoont]*
crosswalk de voetgangersoversteek-plaats *[vootcHangers-overstaykplahts]*
crowd de menigte *[maynicHtuh]*
crowded druk *[drook]*
crown (*on tooth*) een kroon (*de*) *[krohn]*
crucial: it's absolutely crucial het is van doorslaggevende betekenis *[dohrslacHayvenduh betaykeniss]*
cruise een cruise (*de*) *[kroos]*
crutch een kruk (*de*) *[krook]*; (*of body*) het kruis *[krowss]*
cry (*weep*) huilen *[howluh]*; **don't cry** huil niet *[howl neet]*
cucumber een komkommer (*de*)
cuisine de keuken *[kurkuh]*
cultural cultureel *[kooltœrayl]*
cup een kop (*de*); **a cup of coffee** een kop koffie *[koffee]*
cupboard de kast
cure: have you got something to cure it? hebt u hier een middel tegen? *[œ heer 'n middel taycHuh]*
curlers haarkrullers (*de*) *[hahrkroolers]*
current (*elec*) stroom (*de*) *[strohm]*; (*in sea*)

stroming (*de*) *[strohming]*
curry de kerrie *[kerree]*
curtains de gordijnen *[CHordeynuh]*
curve (*road*) de bocht *[boCHt]*
cushion een kussen (*het*) *[koossuh]*
custom een gewoonte (*de*) *[CHevohntuh]*
Customs de douane *[doo-ahnuh]*
cut: I've cut myself ik heb me gesneden *[muh CHesnayduh]*; **could you cut a little off here?** (*hair*) kunt u er hier een stukje afhalen? *[koont œ er heer in stookyuh afhahluh]*; **we were cut off** de verbinding was verbroken *[verbrohkuh]*; **the engine keeps cutting out** de motor slaat steeds af *[slaht stayts af]*
cutlery het bestek
cutlet een kotelet (*de*)
cycle: can we cycle there? kunnen we er heen fietsen? *[koonuh vuh er hayn feetsuh]*
cyclist een fietser (*de*) *[feetser]*
cylinder (*car*) de cylinder; (*Calor gas*) de fles *[fless]*
cylinder-head gasket de cylinderkop pakking
cynical cynisch *[seeneess]*
cystitis een blaasontsteking (*de*) *[blahssontstayking]*

D

damage: you've damaged it u hebt het beschadigd *[œ hebt it besCHahdiCHt]*; **it's damaged** het is beschadigd *['t]*; **there's no damage** er is geen schade *[CHayn sCHahduh]*
damn! vervloekt! *[vervlookt]*
damp vochtig *[voCHtiCH]*
dance: do you want to dance? wil je dansen? *[vill yuh dansuh]*
dancer: he's a good dancer hij kan goed dansen *[hey kan CHoot dansuh]*
dancing: we'd like to go dancing we willen graag uit gaan dansen *[vuh villuh CHrahCH owt CHahn dansuh]*; **traditional (folk) dancing** volksdansen *[volksdansuh]*
dandruff roos *[rohss]*
dangerous gevaarlijk *[CHevahrluhk]*
dare: I don't dare ik durf niet *[neet]*
dark donker; **dark blue** donkerblauw *[donkerblow]*; **when does it get dark?** wanneer wordt het donker? *[vanayr vort it donker]*; **after dark** na het donker *[nah]*
darling schat *[sCHat]*
darts pijltjes gooien *[peyltyuhs CHohyuh]*
dashboard het dash-bord
date: what's the date? wat is de datum? *[dahtoom]*; **on what date?** op welke datum? *[velkuh]*; **can we make a date?** kunnen we een afspraak maken? *[koonuh vuh in afsprahk mahkuh]*
dates (*to eat*) dadels *[dahdels]*
daughter: my daughter mijn dochter *[meyn doCHter]*
daughter-in-law mijn schoondochter *[meyn sCHohndoCHter]*
dawn de zonsopgang *[zonsopCHang]*; **at dawn** bij het aanbreken van de dag *[bey 't ahnbraykuh van duh daCH]*
day de dag *[daCH]*; **the day after** de volgende dag *[volCHenduh]*; **the day before** de dag tevoren *[tevohruh]*; **every day** iedere dag *[eederuh]*; **I'll do it one day** dat doe ik nog wel eens *[dat doo ik noCH vell ayns]*; **can we pay by the day?** kunnen we per dag betalen? *[koonuh vuh per … betahluh]*; **have a good day!** prettige dag! *[prettiCHuh]*
daylight robbery je reinste nep *[yuh reynstuh nep]*
day trip een dagexcursie (*de*) *[daCHexkoorsee]*
dead dood *[doht]*
deaf doof *[dohf]*
deaf-aid een gehoorapparaat (*het*) *[CHehohrapparaht]*
deal (*business*) de transactie *[transaksee]*; **it's a deal** dat is afgesproken *[afCHesprohkuh]*; **will you deal with it?**

wil jij het behandelen? *[vill yey it behanduhluh]*
dealer (*agent, drugs*) een handelaar (*de*) *[handelahr]*
dear (*expensive*) duur *[door]*; **Dear Sir** Geachte Heer *[CHE-aCHtuh hayr]*; **Dear Madam** Geachte Mevrouw *[mevrow]*; **Dear Monique** Lieve Monique *[leevuh]*
death de dood *[doht]*
decadent decadent *[daykahdent]*
December december *[daysember]*
decent: that's very decent of you dat is erg vriendelijk van u *[airCH vreendehluhk van oo]*
decide: we haven't decided yet we hebben nog geen beslissing genomen *[vuh hebbuh noCH CHayn beslissing CHenohmuh]*; **you decide for us** beslis jij maar voor ons *[besliss yey mahr vohr ons]*; **it's all decided** het is allemaal besloten *[it iss alluhmahl beslohtuh]*
decision de beslissing
deck het dek
deckchair een dekstoel (*de*) *[dekstool]*
declare: I have nothing to declare ik heb niets aan te geven *[neets ahn tuh CHayvuh]*
decoration (*in room*) de stoffering *[stoffayring]*
deduct aftrekken *[aftrekkuh]*
deep diep *[deep]*; **is it deep?** is het diep?
deep-freeze de diepvries *[deepvreess]*
definitely beslist; **definitely not** beslist niet *[neet]*
degree (*university, temperature*) de graad *[CHraht]*
de-icer een ijsbestrijder (*de*) *[eyssbuhstreyder]*
dehydrated (*person*) uitgedroogd *[owtCHedrohCHt]*
delay: the flight was delayed de vlucht was vertraagd *[duh vlooCHt vass vertrahCHt]*
deliberately opzettelijk *[opzetteluhk]*
delicacy: a local delicacy een plaatselijke delicatesse *[plahtseluhkuh delikatessuh]*
delicious heerlijk *[hayrluhk]*
deliver: will you deliver it? kunt u het bezorgen? *[koont oo it bezorCHuh]*
delivery: is there another mail delivery? wordt er nog een keer post bezorgd vandaag? *[vordt er noCH in kayr posst bezorCHt vandahCH]*
de luxe de luxe
denims een spijkerbroek (*de*) *[speykerbrook]*
Denmark Denemarken *[daynuhmarkuh]*
dent: there's a dent in it er zit een deuk in *[er zit 'n dowk in]*
dental floss de tandzijde *[tantzeyduh]*
dentist de tandarts
dentures het kunstgebit *[koonstCHebit]*
deny: he denies it hij ontkent het *[hey ontkent it]*
deodorant een deodorant (*de*)
department store een warenhuis (*het*) *[vahrenhowss]*
departure het vertrek
departure lounge de vertrekhal
depend: it depends het hangt er van af; **it depends on the ...** het hangt van de ... af
deposit (*downpayment*) de aanbetaling *[ahnbetahling]*
depressed depressief *[daypresseef]*
depth de diepte *[deeptuh]*
description de beschrijving *[besCHreyving]*
deserted (*beach etc*) verlaten *[verlahtuh]*
dessert het nagerecht *[nah-CHereCHt]*
destination de bestemming
detergent een wasmiddel (*het*) *[vasmiddel]*
detour de omweg *[omveCH]*
devalued gedevalueerd *[CHedayvaloo-ayrt]*
develop: could you develop these films? kunt u deze filmrolletjes ontwikkelen? *[koont oo dayzuh film-rolletyuhs ontwikkeluh]*
diabetic een suikerziekte-patient (*de*) *[sowkerzeektuh-pashent]*
diagram het diagram *[dee-aCHram]*
dialect het dialect *[dee-alekt]*
dialling code het netnummer *[net-noomer]*
diamond een diamant (*de*) *[dee-amant]*
diaper een luier (*de*) *[low-yer]*
diarrhoea, diarrhea diarree (*de*) *[dee-aray]*; **do you have something to stop diarrhoea?** hebt u iets tegen diarree? *[hebt oo eets tayCHuh]*
diary de agenda *[aCHendah]*; (*for personal experience*) het dagboek *[daCHbook]*
dictionary het woordenboek *[vohrduhbook]*; **an English-Dutch**

dictionary een Engels-Nederlands woordenboek
didn't *see* **not** *and page 117*
die sterven *[stairvuh]*; **I'm absolutely dying for a drink** ik sterf van de dorst
diesel (*fuel*) diesel
diet het dieet *[dee-ayt]*; **I'm on a diet** ik ben op dieet
difference het verschil *[verscHill]*; **what's the difference between ...?** wat is het verschil tussen ...? *[vat iss it ... toossuh]*; **it doesn't make any difference** het maakt geen verschil *[it mahkt cHayn]*; **I can't tell the difference** ik kan het verschil niet zien *[neet zeen]*
different: they are different ze zijn verschillend *[zuh zeyn verscHillent]*; **they are very different** ze zijn totaal verschillend *[totahl]*; **it's different from this one** het is anders dan deze *[it iss anders dan dayzuh]*; **may we have a different table?** kunnen we een andere tafel krijgen? *[koonuh vuh in anderuh tahfel kreycHuh]*; **ah well, that's different** nou ja, dat verandert de zaak *[now yah, dat verandert duh zahk]*
difficult moeilijk *[mooy-luhk]*
difficulty de moeilijkheid *[mooy-luhkheyt]*; **without any difficulty** zonder problemen *[zonder problaymuh]*; **I'm having difficulties with ...** ik heb moeilijkheden met ... *[mooy-luhkhay-duh]*
digestion de spijsvertering *[speyssver-tayring]*
dinghy (*rubber*) de rubberboot *[rooberboht]*; (*sailing*) de zeilboot *[zeylboht]*
dining car de restauratiewagen *[restorahseevahcHuh]*
dining room de eetzaal *[aytzahl]*
dinner (*evening meal*) het diner *[deenay]*
dinner jacket een smoking (*de*)
dinner party het diner *[deenay]*
dipped headlights de dimlichten *[dimlicHtuh]*
dipstick de peilstok *[peylstok]*
direct rechtstreeks *[recHtstrayks]*; **does it go direct?** gaat het rechtstreeks? *[cHaht it recHtstrayks]*
direction de richting *[ricHting]*; **in which direction is it?** in welke richting is het? *[in velkuh ... iss 't]*; **is it in this direction?** is het in deze richting? *[dayzuh]*
directory: telephone directory het telefoonboek *[telefohnbook]*; **directory enquiries** inlichtingen *[inlicHtinguh]*
dirt de vuiligheid *[vowlicHheyt]*
dirty vuil *[vowl]*
disabled gehandicapt *[cHehandikapt]*
disagree: it disagrees with me ik kan het niet verdragen *[neet verdrahcHuh]*
disappear verdwijnen *[verdveynuh]*; **it's just disappeared** het is plotseling verdwenen *[it iss plotseling verdvaynuh]*
disappointed: I was disappointed ik was teleurgesteld *[telurrcHestelt]*
disappointing teleurstellend *[telurr-stellent]*
disaster de ramp
discharge (*pus*) de afscheiding *[afscHeyding]*
disc jockey de disc jockey
disco de disco
disco dancing disco-dansen
discount de korting
disease een ziekte (*de*) *[zeektuh]*
disgusting afschuwelijk *[afscHœveluhk]*
dish (*plate*) het bord *[bort]*; (*meal*) het gerecht *[cHerecHt]*
dishcloth een vaatdoek (*de*) *[vahdook]*
dishonest oneerlijk *[onayrluhk]*
dishwashing liquid het afwasmiddel
disinfectant het ontsmettingsmiddel
disk (*of film*) een diskfilm (*de*)
dislocated shoulder een ontwrichtte schouder *[ontvricHtuh scHowder]*
dispensing chemist de apotheker *[apotayker]*
disposable nappies wegwerpluiers *[vecHvairp-low-yers]*
distance de afstand; **what's the distance from ... to ...?** wat is de afstand van ... naar ...? *[vat iss duh afstant van ... nahr]*; **in the distance** in de verte *[vairtuh]*
distilled water gedistilleerd water *[cHedistillayrt vahter]*
distributor (*in car*) de stroomverdeler *[strohmverdayler]*
disturb: the disco is disturbing us de disco stoort ons *[duh disko stohrt onss]*
ditch de sloot *[sloht]*
diversion de wegomlegging *[vecHomlecHing]*

diving board de duikplank *[dowkplank]*
divorced gescheiden *[CHESCHeyduh]*
dizzy (*feel*) duizelig *[dowzelicH]*
dizzy spells aanvallen van duizeligheid *[ahnvalluh van dowzelicHheyt]*
do doen *[doon]*; **what do you do?** (*job*) wat voor werk doe je? *[vat vohr verk doo yuh]*; **what shall I do?** wat zal ik doen? *[vat zal ik doon]*; **what are you doing tonight?** wat doe je vanavond? *[vat doo yuh vanahvont]*; **how do you do it?** hoe doe je het? *[hoo doo yuh it]*; **will you do it for me?** wilt u het voor mij doen? *[vilt œ it vohr mey]*; **who did it?** wie heeft het gedaan? *[vee hayft it CHedahn]*; **the meat's not done** het vlees is niet gaar *[it vlayss iss neet CHahr]*; **do you have ...?** hebt u ...? *[œ]*; *see page XYZ*
docks de haven *[hahvuh]*
doctor de dokter; **he needs a doctor** hij heeft een dokter nodig *[hey hayft in dokter nohdicH]*; **can you call a doctor?** kunt u een dokter roepen? *[koont œ ... roopuh]*
document het document *[dohkœment]*
dog een hond (*de*)
doll een pop (*de*)
dollar de dollar
donkey een ezel (*de*) *[ayzel]*
don't! niet doen! *[neet doon]*; *see page 117*
door de deur *[durr]*
doorman de portier *[porteer]*
dormobile (*tm*) de kampeerauto *[kampayrowtoh]*
dosage de dosis
double: double room een tweepersoonskamer (*de*) *[tvaypersohnskahmer]*; **double bed** het tweepersoonsbed *[—bet]*; **double brandy** een dubbele cognac *[doobeluh]*; **double r** (*in spelling name*) dubbel r; **it's all double dutch to me** ik versta er totaal niets van *[verstah er totahl neets]*
doubt: I doubt it ik betwijfel het *[betweyfel it]*
douche een douche (*de*) *[doosh]*
doughnut een oliebol (*de*) *[ohleebol]*
down: get down! kom naar beneden! *[nahr benayduh]*; **he's not down yet** (*out of bed*) hij is nog niet beneden *[hey iss nocH neet]*; **further down the road** verderop *[vairderop]*; **I paid 20% down** ik heb 20% aanbetaald *[ahnbetahlt]*
downmarket (*restaurant etc*) heel eenvoudig *[hayl aynvowdicH]*
downstairs beneden *[benayduh]*
dozen een dozijn (*het*) *[dozeyn]*; **half a dozen** zes *[zess]*
drain de afvoerbuis *[afvoorbowss]*
draughts (*game*) dammen *[dammuh]*
draughty: it's rather draughty het tocht hier nogal *[it tocHt heer nocHal]*
drawing pin een punaise (*de*) *[poonaizuh]*
dreadful verschrikkelijk *[verscHrikkeluhk]*
dream de droom *[drohm]*; **it's like a bad dream** het is een nachtmerrie *[it iss 'n nacHtmairree]*; **sweet dreams** welterusten *[veltroostuh]*
dress (*woman's*) een japon (*de*) *[yapon]*; **I'll just get dressed** ik kleed me gauw even aan *[klayt muh CHow ayvuh ahn]*
dressing (*for wound*) het verband; (*for salad*) de vinaigrette *[vinaygrett]*
dressing gown een kamerjas (*de*) *[kahmeryass]*
drink drinken *[drinkuh]*; (*spirit*) een borrel (*de*); **can I get you a drink?** wil je iets drinken? *[vill yuh eets]*; **I don't drink** ik drink niet *[neet]*; **a long cool drink** een lekker verfrissend drankje *[in lekker verfrissent drankyuh]*; **may I have a drink of water?** hebt u alstublieft een glas water? *[œ alstœbleeft in CHlass vahter]*; **drink up!** drink leeg *[laycH]*; **I had too much to drink** ik had teveel gedronken *[hat tevayl CHedronkuh]*
drinkable drinkbaar *[drinkbahr]*
drive: we drove here we zijn met de auto *[vuh zeyn met duh owtoh]*; **I'll drive you home** ik breng je naar huis met de auto *[breng yuh nahr howss]*; **do you want to come for a drive?** heb je zin in een autorit? *[owtoh-rit]*; **is it a very long drive?** is het een lange rit? *[iss 't 'n languh rit]*
driver de bestuurder *[bestœrder]*
driver's license het rijbewijs *[reybeveyss]*
drive shaft de drijfas *[dreyfass]*
driving licence het rijbewijs *[reybeveyss]*
drizzle: it's drizzling het motregent *[it motraycHent]*
drop: just a drop een klein beetje maar *[in*

*kleyn b**ay**tyuh mahr]*; **I dropped it** ik heb het laten vallen *['t l**ah**tuh v**a**lluh]*; **drop in some time** kom eens langs *[ayns langs]*

drown: he's drowning hij verdrinkt *[hey]*

drug (*medical*) een medicijn (*de*) *[maydees**eyn**]*; (*addictive*) een drug (*de*) *[droocн]*

drugstore de drogisterij *[drohcнister**ey**]*

drunk (*adj*) dronken *[dr**o**nkuh]*

drunken driving dronken achter het stuur *[dr**o**nkuh **a**cнter it stœr]*

dry droog *[drohcн]*

dry-clean stomen *[st**oh**muh]*

dry-cleaner de stomerij *[stohmer**ey**]*

duck de eend *[aynt]*

due: when is the bus due? hoe laat komt de bus aan? *[hoo laht komt duh booss ahn]*

dumb stom; (*stupid*) stom

dummy (*for baby*) een fopspeen (*de*) *[f**o**pspayn]*

durex (*tm*) een durex (*de*) *[d**oo**rex]*

during tijdens *[t**ey**dens]*

dust het stof

dustbin de vuilnisbak *[v**ow**lnissbak]*

Dutch (*adj*) Nederlands *[n**ay**derlants]*; **in Dutch** in het Nederlands *[in 't]*

Dutchman de Nederlander *[n**ay**derlander]*

Dutchwoman de Nederlandse *[n**ay**derlandsuh]*

duty-free bel**a**stingvrij *[—vrey]*

duvet de donsdeken *[d**o**nsdaykuh]*

dyke de dijk *[deyk]*

dynamo de dynamo *[deen**ah**moh]*

dysentery de dysenterie *[deesenter**ee**]*

E

each: each of them ieder van hen *[**ee**der van hen]*; **one for each of us** voor ieder een *[vohr ... ayn]*; **how much are they each?** hoeveel zijn ze per stuk? *[h**oo**vayl zeyn zuh per stuk]*; **we know each other** we kennen elkaar *[vuh k**e**nnuh elk**ah**r]*

ear het oor *[ohr]*

earache de oorpijn *[**oh**rpeyn]*

early vroeg *[vroocн]*; **early in the morning** 's morgens vroeg *[smorcнens-vr**oo**cн]*; **it's too early** het is te vroeg *[it iss tuh]*; **a day earlier** een dag eerder *[in dacн **ay**rder]*; **half an hour earlier** een half uur eerder *[in hal-f œr]*; **I need an early night** ik heb een goede nachtrust nodig *['n cн**oo**duh n**a**cнtroost n**oh**dicн]*

early riser: I'm an early riser ik sta altijd vroeg op *[stah **a**lteyt vroocн]*

earring de oorring *[**oh**rring]*

earth (*soil*) de grond *[cнront]*

earthenware het aardewerk *[**ahr**duhvairk]*

earwig de oorworm *[**oh**rvorm]*

east het oosten *[**oh**stuh]*; **to the east** naar het oosten *[nahr]*

Easter Pasen *[p**ah**suh]*

easy gemakkelijk *[cнem**a**kkeluhk]*; **easy with the cream!** voorzichtig met de room! *[vohrz**i**cнticн met duh rohm]*

eat eten *[**ay**tuh]*; **something to eat** iets te eten *[eets tuh]*; **we've already eaten** wij hebben al gegeten *[vey h**e**bbuh al cнecн**ay**tuh]*

eau-de-Cologne de eau de cologne *[kol**o**nyuh]*

eccentric excentriek *[exsentr**ee**k]*

edible eetbaar *[**ay**tbahr]*

efficient (*staff, hotel etc*) bekwaam *[bekv**ah**m]*

egg een ei (*het*) *[ey]*

eggplant een aubergine (*de*) *[ohberj**ee**n]*

Eire Ierland *[**ee**rlant]*

either: either ... or ... of ... of ... *[off ... off]*; **I don't like either of them** ik vind ze geen van twee leuk *[vint zuh cнayn van tvay lurk]*

elastic elastisch *[el**a**steess]*

elastic band een elastiek (*het*) *[elast**ee**k]*

Elastoplast (*tm*) een pleister (*de*) *[pl**ey**ster]*

elbow de elleboog *[ellebocн]*
electric elektrisch *[elektrees]*
electric blanket een elektrische deken (*de*) *[elektreesuh daykuh]*
electric cooker het elektrisch fornuis *[elektreess fornowss]*
electric fire de elektrische kachel *[elektreessuh kacнel]*
electrician een elektricien (*de*) *[elektreeshan]*
electricity de elektriciteit *[elektreesee-teyt]*
electric outlet het elektrisch stopcontact *[elektreess]*
elegant elegant *[aylecнant]*
elevator de lift
else: something else iets anders *[eets anders]*; **somewhere else** ergens anders *[aircнens]*; **let's go somewhere else** laten we ergens anders heen gaan *[lahtuh vuh … hayn cнahn]*; **nothing else, thanks** dat is alles, dank u *[dat iss alluhs dank oo]*
embarrassed verlegen *[verlaycнuh]*
embarrassing genant *[jenant]*
embassy de ambassade *[ambassahduh]*
emergency een spoedgeval *[spootcнeval]*; **this is an emergency** dit is een spoedgeval *[dit iss 'n]*
emotional emotioneel *[emoshonayl]*
empty leeg *[laycн]*
end het einde *[eynduh]*; **at the end of the road** aan het einde van de weg *[ahn 't … van duh vecн]*; **when does it end?** wanneer is het afgelopen? *[vanayr iss 't afcнelohpuh]*
energetic energiek *[aynerjeek]*
energy de energie *[aynerjee]*
engaged (*toilet, telephone*) bezet; (*person*) verloofd *[verlohft]*
engagement ring een verlovingsring (*de*) *[verlohvingsring]*
engine de motor
engine trouble motorpech *[motorpecн]*
England Engeland *[eng-elant]*
English Engels *[eng-els]*; **the English** de Engelsen *[—uh]*; **I'm English** ik ben Engels; **do you speak English?** spreekt u Engels? *[spraykt oo]*
Englishman de Engelsman
Englishwoman de Engelse *[eng-elsuh]*
enjoy: I enjoyed it very much ik heb er erg van genoten *[aircн van cнenohtuh]*; **enjoy yourself!** veel plezier! *[vayl plezeer]*
enjoyable aangenaam *[ahncнenahm]*
enlargement (*photo*) een vergroting (*de*) *[vercнrohting]*
enormous reusachtig *[rursacнticн]*
enough genoeg *[cнcnoocн]*; **there's not enough …** er is niet genoeg … *[neet]*; **it's not big enough** het is niet groot genoeg; **thank you, that's enough** dat is genoeg, dank u wel
entertainment het amusement *[amoosement]*
enthusiastic enthousiast *[entooshast]*
entrance de ingang *[incнang]*
envelope een enveloppe (*de*) *[enveloppuh]*
epileptic een epilepticus (*de*) *[aypeelepteekoos]*
equipment de uitrusting *[owtroosting]*
eraser een gum (*het*) *[cнoom]*
erotic erotisch *[ayrohteess]*
error de fout *[fowt]*
escalator de roltrap
especially vooral *[vohral]*
espresso (*coffee*) een espresso (*de*)
essential essentieel *[essenshayl]*; **it is essential that …** het is essentieel dat …
estate agent een makelaar (*de*) *[mahkelahr]*
ethnic (*restaurant etc*) etnisch *[etneess]*
Eurocheque de Eurocheque *[urrosheck]*
Eurocheque card de Eurocheque kaart *[urrosheck kahrt]*
Europe Europa *[urrohpa]*
European Europeaan *[urrohpay-ahn]*
European plan halfpension *[hal-f-penshon]*
even: even the British zelfs de Britten; **even if …** zelfs als …
evening de avond *[ahvont]*; **good evening** goedenavond *[cнoodenah-vont]*; **this evening** vanavond; **in the evening** 's avonds; **evening meal** de avondmaaltijd *[—mahlteyt]*
evening dress avondtoilet *[ahvontvalet]*; (*woman's*) de avondjapon *[—yapon]*
eventually uiteindelijk *[owteyndeluhk]*
ever: have you ever been to …? ben je ooit in … geweest? *[oyt in … cнevayst]*; **if you ever come to Britain** als je ooit nog eens in Groot-Brittannië komt *[nocн ayns in cнroht-brittanyuh komt]*

every iedere *[**ee**deruh]*; **every day** iedere dag *[dacH]*
everyone iedereen *[**ee**derayn]*
everything alles *[**a**lluhs]*
everywhere overal
exact precies *[pres**ee**ss]*; **exactly!** precies!
exam het examen *[ex**ah**muh]*
example een voorbeeld (*het*) *[v**oh**rbaylt]*; **for example** bijvoorbeeld *[bey—]*
excellent uitstekend *[owtst**ay**kent]*
except behalve *[beh**a**l-vuh]*; **except Sunday** behalve zondag
exception een uitzondering (*de*) *[**ow**tzondering]*; **as an exception** als uitzondering
excess het teveel *[tev**ay**l]*; **excess baggage** het overgewicht *[**o**verCHevicHt]*
excessive (*bill etc*) buitensporig *[bowtuhsp**oh**ricH]*; **that's a bit excessive** dat is enigszins buitensporig *[**ay**nicHzins]*
exchange (*money*) de wisselkoers *[v**i**sselkoors]*; (*telephone*) de telefooncentrale *[taylef**oh**nsentrahluh]*; **in exchange** in ruil *[rowl]*
exchange rate: what's the exchange rate? wat is de wisselkoers? *[v**i**sselkoors]*
exciting opwindend *[opv**i**ndent]*
exclusive (*club etc*) exclusief *[exkl**œ**s**ee**f]*
excursion de excursie *[exk**oo**rsee]*; **is there an excursion to ...?** is er een excursie naar ...?
excuse me (*to get past etc*) pardon; (*apology*) neemt u mij niet kwalijk *[naymt œ mey neet kv**ah**leyk]*
exhaust (*car*) de uitlaat *[**ow**tlaht]*
exhausted uitgeput *[**ow**t-CHepoot]*
exhibition de tentoonstelling *[tent**oh**n-stelling]*
exist: does it still exist? (*café etc*) is het er nog steeds? *[iss it er nocH stayts]*
exit de uitgang *[**ow**tCHang]*
expect: what do you expect! wat had je dan verwacht! *[vat hat yuh dan verv**a**cHt]*; **I expect so** ik verwacht van wel; **she's expecting** ze is in verwachting *[verv**a**cHting]*
expensive duur *[d**œ**r]*
experience: an absolutely unforgettable experience een ervaring om nooit te vergeten *[airv**ah**ring om noyt tuh verCH**ay**tuh]*
experienced ervaren *[erv**ah**ruh]*
expert de deskundige *[desk**oo**ndicHuh]*
expire: it's expired het is verlopen *[it iss verl**oh**puh]*
explain uitleggen *[**ow**tlecHuh]*; **would you explain that to me?** zou u dat aan mij uit kunnen leggen? *[zow œ dat ahn mey owt k**oo**nuh l**e**cHuh]*
explore verkennen *[verk**e**nnuh]*; **I just want to go and explore** ik wil er alleen maar op verkenning gaan *[all**ay**n mahr op verk**e**nning CHahn]*
export de export
exposure meter de belichtingsmeter *[bel**i**cHtingsmayter]*
express (*mail*) expresse *[expr**e**ss]*; **by express mail** per expresse post
extra: can we have an extra chair? kunnen we een extra stoel krijgen? *[stool kr**ey**CHuh]*; **is that extra?** is dat er niet bij inbegrepen? *[neet bey **i**nbeCHraypuh]*
extraordinary buitengewoon *[b**ow**tuhCHevohn]*
extremely uiterst *[**ow**terst]*
extrovert extravert *[**e**xtravairt]*
eye het oog *[**oh**CH]*; **will you keep an eye on it for me?** wilt u er voor mij een oogje op houden? *[vohr mey in **oh**CHyuh op h**ow**duh]*
eyebrow de wenkbrauw *[v**e**nkbrow]*
eyebrow pencil een wenkbrauwpotlood (*het*) *[v**e**nkbrow-potloht]*
eye drops de oogdruppels *[**oh**CHdroopels]*
eyeliner de eyeliner
eye shadow de oogschaduw *[**oh**CHsCHa-doow]*
eye witness de ooggetuige *[**oh**CHetowCHuh]*

F

fabulous fantastisch *[fantasteess]*
face het gezicht *[CHEzicHT]*
face pack een face pack (*de*)
facilities: the hotel's facilities are excellent de faciliteiten in het hotel zijn uitstekend *[faciliteytuh]*
facing: facing the sea met uitzicht op zee *[owtzicHT op]*
fact het feit *[feyt]*
factory de fabriek *[fabreek]*
Fahrenheit *see page 121*
faint: she's fainted ze is flauwgevallen *[zuh iss flowCHEvalluh]*; **I think I'm going to faint** ik geloof dat ik flauw ga vallen *[CHElohf... CHah valluh]*
fair (*fun-*) de kermis *[kermiss]*; (*commercial*) de beurs *[burrss]*; **it's not fair** het is niet eerlijk *[neet ayrluhk]*; **OK, fair enough** voor mekaar *[vohr mekahr]*
fake een vervalsing (*de*)
fall: he's had a fall hij is gevallen *[hey iss CHEvalluh]*; **he fell off his bike** hij is van zijn fiets gevallen *[van zeyn feets]*; **in the fall** (*autumn*) in de herfst *[hairfst]*
false vals
false teeth het kunstgebit *[koonstCHEbit]*
family het gezin *[CHEzin]*
family hotel een familiehotel (*het*) *[fameeleehotel]*
family name de familienaam *[fameeleenahm]*
famished: I'm famished ik ben uitgehongerd *[owtCHEhongert]*
famous beroemd *[beroomt]*
fan (*mechanical*) een ventilator (*de*) *[venteelahtor]*; (*hand-held*) de waaier *[vah-yer]*; (*football etc*) een supporter (*de*)
fan belt een ventilatorriem (*de*) *[—reem]*
fancy: he fancies you hij vindt je aardig *[hey vint yuh ahrdicH]*
fancy dress party een gekostumeerd feest (*het*) *[CHEkostoomayrt fayst]*
fantastic fantastisch *[fantasteess]*
far ver *[vair]*; **is it far?** is het ver?; **how far is it to ...?** hoe ver is het naar ...? *[hoo vair iss 't nahr]*; **as far as I'm concerned** wat mij betreft *[vat mey betreft]*
fare het tarief *[tareef]*; **what's the fare to ...?** hoeveel is het naar ...? *[hoovayl iss it nahr]*
farewell party een afscheidsfeest (*het*) *[afsCHeytsfayst]*
farm de boerderij *[boorderey]*
farther verder *[vairder]*; **farther than ...** verder dan ...
fashion mode (*de*)
fashionable modieus *[modiurrs]*
fast snel; **not so fast** niet zo snel
fastener (*on clothes etc*) de sluiting *[slowting]*
fat dik; (*on meat*) vet
father: my father mijn vader *[meyn vahder]*
father-in-law: my father-in-law mijn schoonvader *[meyn sCHohn—]*
fathom een vadem (*de*); 1.83m
fattening: it's fattening je wordt er dik van *[yuh]*
faucet de kraan *[krahn]*
fault de fout *[fowt]*; **it was my fault** het was mijn fout *[meyn]*; **it's not my fault** het is niet mijn schuld *[neet meyn sCHoolt]*
faulty defect
favo(u)rite favoriet *[favoreet]*; **that's my favourite** dat is mijn favoriet
fawn (*colour*) geelbruin *[CHaylbrown]*
February februari *[faybrooahree]*
fed up: I'm fed up ik heb er genoeg van *[CHEnooCH]*; **I'm fed up with ...** ik heb genoeg van ...
feeding bottle de voedingsfles *[voodingsfless]*
feel: I feel hot/cold ik heb het warm/koud *[varm/kowt]*; **I feel like a ...** ik heb zin in 'n ...; **I don't feel like it** ik heb er geen zin in *[CHayn]*; **how are you feeling today?** hoe voelt u zich vandaag?

[hoo voolt ꝏ zicн vandahcн]; **I'm feeling a lot better** ik voel me een stuk beter *[ik vool muh 'n stook bayter]*
felt-tip (pen) een viltstift (*de*)
fence de omheining *[omheyning]*
fender (*of car*) het spatbord *[spatbort]*
ferry de veerboot *[vayrboht]*; **what time's the last ferry?** hoe laat gaat de laatste veerboot? *[hoo laht cнaht duh lahtstuh]*
festival het festival
fetch: I'll go and fetch it ik ga het halen *[hahluh]*; **will you come and fetch me?** kom je mij ophalen? *[yuh mey op—]*
fever koorts (*de*) *[kohrts]*
feverish: I'm feeling feverish ik voel me koortsachtig *[kohrtsacнticн]*
few: only a few maar een paar *[mahr 'n pahr]*; **a few minutes** maar een paar minuten *[meenꝏtuh]*; **he's had a good few** (*to drink*) hij heeft er al heel wat op *[hayl vat op]*
fiancé: my fiancé mijn verloofde *[meyn verlohfduh]*
fiancée: my fiancée mijn verloofde *[meyn verlohfduh]*
fiasco: what a fiasco! wat een fiasco!
field een veld (*het*)
fifty-fifty sam-sam
fight het gevecht *[cнevecнt]*
figs vijgen (*de*) *[veycнuh]*
figure (*number*) het cijfer *[seyfer]*; **I have to watch my figure** ik moet op mijn figuur letten *[meyn ficнꝏr lettuh]*
fill vullen *[voolluh]*; **fill her up please** volgooien alstublieft *[volcнoh-yuh alstoobleeft]*; **will you help me fill out this form?** wilt u mij helpen dit formulier in te vullen? *[ꝏ mey helpuh dit formꝏleer in tuh voolluh]*
fillet filet (*de*) *[feelay]*
filling de vulling *[voolling]*
filling station het benzinestation *[benzeenuhstahshon]*
film een film (*de*); **do you have this type of film?** hebt u dit type film? *[teepuh]*; **16mm film** een 16 mm film *[zessteen meeleemayter]*; **35mm film** een 35 mm film *[veyf en dairticн]*
film processing ontwikkelen *[ontvikkeluh]*
filter een filter (*de*)
filter-tipped met filter
filthy smerig *[smayricн]*
find vinden *[vinduh]*; **I can't find it** ik kan het niet vinden *[neet]*; **if you find it** als u het vindt; **I've found a ...** ik heb een ... gevonden *[cнevonduh]*
fine: it's fine weather het is mooi weer *[moy]*; **a 25 guilder fine** een bekeuring van 25 gulden *[bekurring]*; **thank you, that's fine** (*to waiter etc*) dank u, zo is het goed *[ꝏ zo iss 't cнoot]*; **that's fine by me** ik heb er geen bezwaar tegen *[cнayn bezvahr taycнuh]*; **how are you? — fine thanks** hoe gaat het met u? — uitstekend, dank u *[owtstaykent]*
finger de vinger
fingernail de vingernagel *[vinger-nahcнel]*
finish: I haven't finished ik ben nog niet klaar *[nocн neet klahr]*; **when I've finished** als ik klaar ben; **when does it finish?** wanneer is het afgelopen? *[afcнelohpuh]*; **finish off your drink** drink je glas leeg *[yuh cнlass laycн]*
Finland Finland *[finlant]*
fire: fire! brand! *[brant]*; **may we light a fire here?** mogen we hier een vuur maken? *[vꝏr mahkuh]*; **it's on fire** het staat in brand *[staht]*; **it's not firing properly** de motor hapert *[hahpert]*
fire alarm het brandalarm *[brantalarm]*
fire brigade, fire department de brandweer *[brantvayr]*
fire escape de brandtrap *[brant-trap]*
fire extinguisher het blusapparaat *[blꝏssapparaht]*
firm (*company*) de firma
first eerst *[ayrst]*; **I was first** ik was eerder *[ayrder]*; **at first** eerst; **this is the first time** dit is de eerste keer *[ayrstuh kayr]*
first aid eerste hulp *[ayrstuh hoolp]*
first aid kit een verbanddoos (*de*) *[verbant-dohss]*
first class (*travel*) eerste klas *[ayrstuh klass]*
first name de voornaam *[vohrnahm]*
fish vis (*de*)
fish and chips patates frites met vis *[patat freet]*
fisherman de visser
fishing vissen *[vissuh]*
fishing boat de vissersboot *[vissersboht]*
fishing net het visnet
fishing rod de hengel
fishing tackle het vistuig *[vistowcн]*

fishing village een vissersdorp (*het*)
fit (*healthy*) gezond *[CHEzont]*; **I'm not very fit** mijn conditie is niet erg goed *[kondeesee ... neet airCH CHOOT]*; **a keep fit fanatic** een gezondheidsfanatiekeling *[CHEzont-heyts-fanateekeling]*; **it doesn't fit** het past niet *[passt neet]*
fix: can you fix it? (*arrange*) kunt u het regelen? *[rayCHeluh]*; (*repair*) kunt u het maken? *[mahkuh]*; **let's fix a time** laten we een tijd afspreken *[lahtuh vuh in teyt afspraykuh]*; **it's all fixed up** het is allemaal al geregeld *[it iss alluhmahl al CHeraycHelt]*
fizzy bruisend *[browsent]*
fizzy drink een priklimonade (*de*) *[prikleemonahduh]*
flab (*on body*) de kwabben *[kvabbuh]*
flag de vlag *[vlaCH]*
flannel (*for washing*) een washandje (*het*) *[vass-hantyuh]*
flash (*phot*) de flitser
flashcube een flitsblokje (*het*) *[flits-blokyuh]*
flashlight een zaklantaarn (*de*) *[—tahrn]*
flashy (*clothes*) opzichtig *[opzicHtiCH]*
flat (*adj*) plat; **this beer is flat** dit bier is dood *[doht]*; **I've got a flat (tyre)** ik heb een lekke band *[lekkuh bant]*; (*apartment*) een flat (*de*)
flatterer een vleier (*de*) *[vleyer]*
flatware het tafelgerei *[tahfelCHerey]*
flavo(u)r de smaak *[smahk]*
flea een vlo (*de*) *[vloh]*
flea powder het vlooienpoeder *[vloyenpooder]*
Flemish Vlaams *[vlahms]*
flexible flexibel *[flexeebel]*
flies (*on trousers*) de gulp *[CHoolp]*
flight een vlucht (*de*) *[vloocHt]*
flippers zwemvliezen (*de*) *[zvemvleezuh]*
flirt flirten
float drijven *[dreyvuh]*
flood een overstroming (*de*) *[overstrohming]*
floor (*of room*) de vloer *[vloor]*; (*storey*) de verdieping *[verdeeping]*; **on the floor** op de grond *[CHront]*; **on the second floor** (*UK*) op de tweede verdieping *[tvayduh verdeeping]*; (*USA*) op de eerste verdieping *[ayrstuh]*
floorshow een floorshow (*de*)
flop (*failure*) een flop (*de*)
florist een bloemist (*de*) *[bloomist]*
flour het meel *[mehl]*
flower een bloem (*de*) *[bloom]*
flu de griep *[CHreep]*
fluent: he speaks fluent Dutch hij spreekt vloeiend Nederlands *[vlooyent]*
fly vliegen *[vleeCHuh]*; **can we fly there?** kunnen we er heen vliegen? *[koonuh wuh er hayn]*
fly (*insect*) een vlieg (*de*) *[vleeCH]*
fly spray vliegenspray (*de*) *[vleeCHuh-spray]*
foggy mistig *[mistiCH]*
fog light de mistlamp
folk dancing volksdansen *[volksdansuh]*
folk music de volksmuziek *[volksmoozeek]*
follow volgen *[volCHuh]*; **follow me** volg mij *[volCH mey]*
fond: I'm quite fond of ... (*food*) ik ben verzot op ...
food het voedsel *[vootsel]*; **the food's excellent** het eten is uitstekend *[aytuh]*
food poisoning de voedselvergiftiging *[vootselverCHiftiCHing]*
food store een kruidenierswinkel (*de*) *[krowdeneersvinkel]*
fool een dwaas (*de*) *[dvahss]*
foolish dwaas *[dvahss]*
foot de voet *[voot]*; **on foot** te voet *[tuh]*; *see page 119*
football (*game*) het voetbal *[vootbal]*; (*ball*) de voetbal
for: is that for me? is dat voor mij? *[vohr]*; **what's this for?** waarvoor dient dit? *[vahrvohr deent]*; **for two days** voor twee dagen *[tvay dahCHuh]*; **I've been here for a week** ik ben hier nu een week *[heer noo 'n vayk]*; **a bus for ...** een bus naar ... *[nahr]*
forbidden verboden *[verbohduh]*
forehead het voorhoofd *[vohrhohft]*
foreign buitenlands *[bowtuhlants]*
foreigner een buitenlander (*de*) *[bowtuhlander]*
foreign exchange deviezen *[deveezuh]*
forest het bos
forget vergeten *[verCHaytuh]*; **I forget, I've forgotten** ik ben het vergeten *['t verCHaytuh]*; **don't forget** vergeet 't niet *[verCHayt 't neet]*
fork een vork (*de*); (*in road*) een tweesprong (*de*) *[tvaysprong]*

form (*document*) het formulier *[formooleer]*
formal (*person*) vormelijk *[vormeluhk]*; **formal dress** avondkleding *[ahvont-klayding]*
fortnight twee weken *[tvay vaykuh]*
fortunately gelukkig *[CHelookiCH]*
fortune-teller de waarzegger *[vahr-zeCHer]*
forward: could you forward my mail? kunt u mijn post doorzenden? *[dohrzenduh]*
forwarding address het adres voor het nazenden van post *[vohr het nahzenden van posst]*
foundation cream een basiscrème (*de*) *[bahsiskrem]*
fountain een fontein (*de*) *[fonteyn]*
foyer (*of cinema etc*) de foyer
fracture een breuk (*de*) *[brurk]*
fractured skull een schedelbasisfractuur (*de*) *[sCHaydelbahsisfraktoor]*
fragile breekbaar *[braykbahr]*
frame (*picture*) de lijst *[leyst]*
France Frankrijk *[frankreyk]*
fraud de fraude *[frowduh]*
free vrij *[vrey]*; (*no charge*) gratis *[CHrahtiss]*
freeway de autosnelweg *[owtohsnelveCH]*
freezer de diepvries *[deepvreess]*
freezing cold ijskoud *[eysskowt]*
French Frans
French fries de patates frites *[patat freet]*
Frenchman een Fransman (*de*)
Frenchwoman een Française (*de*) *[fransaysuh]*
frequent veelvuldig *[vaylvooldiCH]*
fresh (*fruit etc*) vers; (*chilly*) fris; **don't get fresh with me** (*physically*) hou je op een afstand *[how yuh op 'n afstant]*
fresh orange juice een sinaasappelsap (*het*) *[seenasappel—]*
friction tape een isolatieband (*het*) *[eesolahseebant]*
Friday vrijdag *[vreydaCH]*
fridge de koelkast *[koolkast]*
fried egg een spiegelei (*het*) *[speeCHeley]*
friend een vriend (*de*) *[vreent]*
friendly vriendelijk *[vreendeluhk]*
frog een kikker (*de*)
from van; **I'm from London** ik woon in Londen *[vohn]*; **from here to the beach** hiervandaan naar het strand *[heervandahn]*; **the next boat from ...** de volgende boot vanuit ... *[vanowt]*; **as from Tuesday** vanaf dinsdag *[vanaf]*
front de voorkant *[vohrkant]*; **in front** vooraan *[vohrahn]*; **in front of us** voor ons *[vohr]*; **at the front** aan de voorkant
frost de vorst
frozen bevroren *[bevrohruh]*
frozen food diepvriesvoedsel (*het*) *[deepvreessvootsel]*
fruit het fruit *[frowt]*
fruit juice een vruchtensap (*het*) *[vrooCHtuhsap]*
fruit machine de speelautomaat *[spaylowtomaht]*
fruit salad een vruchtensalade (*de*) *[vrooCHtuhsalahduh]*
frustrating: it's very frustrating het is erg frustrerend *[froostrayrent]*
fry bakken *[bakkuh]*; **nothing fried** niets gebakken *[neets CHebakkuh]*
frying pan een koekepan (*de*) *[kookuhpan]*
full vol; **it's full of ...** het zit vol met ...; **I'm full** ik zit vol
full-board volpension *[—penshon]*
full-bodied (*wine*) gecorseerd *[CHekorsayrt]*
fun: it's fun het is leuk *[it iss lurk]*; **it was great fun** het was heel erg leuk *['t vass hayl airCH]*; **just for fun** gewoon voor de lol *[vohr duh lol]*; **have fun** veel plezier *[vayl plezeer]*
funeral een begrafenis (*de*) *[beCHrah-feniss]*
funny (*strange*) vreemd *[vraymt]*; (*comical*) grappig *[CHrappiCH]*
furniture het meubilair *[murbilair]*
further verder *[vairder]*; **2 kilometres further** 2 kilometers verderop *[vair-derop]*; **further down the road** verderop
fuse de zekering *[zaykering]*; **the lights have fused** de zekeringen zijn gesprongen *[duh zaykeringuh zeyn CHespronguh]*
fuse wire het zekeringsdraad *[zaykeringsdraht]*
future de toekomst *[tookomst]*; **in future** van nu af aan *[noo aff ahn]*

G

gale de storm
gallon *see page 121*
gallstone een galsteen (*de*) *[CHalstayn]*
gamble gokken *[CHokkuh]*; **I don't gamble** ik gok niet *[CHok neet]*
game (*sport*) de partij *[partey]*; (*meat*) het wild *[vilt]*
games room de recreatiezaal *[raykray-ahsseezahl]*
gammon de gerookte ham *[CHerohktuh ham]*
garage (*repair*) de garage *[CHarahjuh]*; (*petrol*) het benzinestation *[benzeenuh-stashon]*; (*parking*) de garage *[CHarahjuh]*
garbage het afval
garden de tuin *[town]*
garlic het knoflook *[k-noflohk]*
gas het gas *[CHass]*; (*gasoline, petrol*) de benzine *[benzeenuh]*
gas cylinder de gasfles *[CHasfless]*
gasket de pakking
gas pedal het gaspedaal *[CHaspedahl]*
gas permeable lenses de poreuze lenzen *[porurzuh lenzuh]*
gas station het benzinestation *[benzeenuhstashon]*
gas tank de benzinetank *[benzeenuh—]*
gastroenteritis de gastro-enteritis *[CHastro-entereetis]*
gate het hek; (*at airport*) de uitgang *[OWtCHang]*
gauge (*oil, fuel etc*) de meter *[mayter]*
gay (*homosexual*) homofiel *[homofeel]*
gear (*car*) de versnelling; (*equipment*) de uitrusting *[OWtroosting]*; **the gears stick** de versnelling blijft steken *[bleyft staykuh]*
gearbox: I have gearbox trouble ik heb moeilijkheden met de versnellingsbak *[mooy-luhkhayduh met duh versnellingsbak]*
gear lever, gear shift de versnellingshandel
general delivery poste restante *[posst restant]*
generous: that's very generous of you dat is heel aardig van u *[hayl ahrdiCH van oo]*
gentleman: that gentleman over there die meneer daar *[dee menayr dahr]*; **he's such a gentleman** hij is echt een heer *[hey iss eCHt 'n hayr]*
gents de heren *[hayruh]*
genuine (*antique etc*) echt *[eCHt]*
German (*adj*) Duits *[dowts]*; (*man*) een Duitser (*de*); (*woman*) een Duitse (*de*)
German measles rodehond *[rohduh-hont]*
Germany Duitsland *[dowtslant]*
get: have you got ...? hebt u ...? *[hebt oo]*; **how do I get to ...?** hoe kom ik in ...? *[hoo]*; **where do I get them from?** waar kan ik ze krijgen? *[vahr kan ik zuh kreyCHuh]*; **can I get you a drink?** wil je iets drinken? *[vill yuh eets drinkuh]*; **will you get it for me?** kunt u het voor mij halen? *[koont oo 't vohr mey hahluh]*; **when do we get there?** wanneer komen we daar aan? *[vanayr kohmuh wuh dahr ahn]*; **I've got to go** ik moet nu gaan *[moot noo CHahn]*; **where do I get off?** waar moet ik eruit? *[vahr moot ik erOWt]*; **it's difficult to get to** het is moeilijk te bereiken *[it iss mooy-luhk tuh bereykuh]*; **when I get up** (*in morning*) wanneer ik opsta *[vanayr ik opstah]*
ghastly (*food, taste*) vies *[veess]*; (*hotel, people*) vreselijk *[vrayseluhk]*
ghost het spook *[spohk]*
giddy: it makes me giddy ik word er duizelig van *[dowzeliCH]*
gift een cadeau (*het*) *[kadoh]*
gigantic reusachtig *[rursaCHtiCH]*
gin een gin (*de*); **a gin and tonic** een gin tonic
girl het meisje *[meyshuh]*
girlfriend de vriendin *[vreendin]*

give geven *[CHayvuh]*; **will you give me ...?** kunt u mij ... geven? *[koont ꝏ mey ... CHayvuh]*; **I gave it to him** ik heb het aan hem gegeven *['t ahn hem CHeCHayvuh]*; **I'll give you 25 guilders** ik geef u 25 gulden *[CHayf]*; **will you give it back?** geef je het wel terug? *[terooCH]*

glad blij *[bley]*; **I'm so glad** ik ben zo blij

glamorous zeer aantrekkelijk *[zayr ahntrekkeluhk]*

gland een klier (*de*) *[kleer]*

glandular fever de ziekte van Pfeiffer *[zeektuh van pfeyfer]*

glass (*substance*) het glas *[CHlass]*; (*drinking*) een drinkglas (*het*) *[drinkCHlass]*; **a glass of water** een glas water *[vahter]*

glasses een bril (*de*)

glasshouse de kas *[kass]*

gloves de handschoenen *[hantsCHoonuh]*

glue de lijm *[leym]*

gnat een mug (*de*) *[mooCH]*

go gaan *[CHahn]*; **we want to go to ...** we willen naar ... gaan *[vuh villuh nahr ... CHahn]*; **I'm going there tomorrow** ik ga er morgen heen *[CHah er morCHuh hayn]*; **when does it go?** (*leave*) wanneer vertrekt het? *[vanayr vertrekt 't]*; **where are you going?** waar gaat u heen? *[vahr CHaht ꝏ hayn]*; **let's go** laten we gaan *[lahtuh wuh CHahn]*; **he's gone** (*left*) hij is vertrokken *[hey iss vertrokkuh]*; **it's all gone** het is helemaal op *[iss hayluhmahl op]*; **I went there yesterday** ik ben daar gisteren geweest *[dahr CHisteruh CHevayst]*; **a hotdog to go** een hotdog om mee te nemen *[om may tuh naymuh]*; **go away!** ga weg! *[CHah veCH]*; **it's gone off** (*food*) het is bedorven *[bedorvuh]*; **we're going out tonight** we gaan vanavond uit *[vuh CHahn vanahvont owt]*; **do you want to go out tonight?** heb je zin om vanavond uit te gaan? *[heb yuh zin om vanahvont owt tuh CHahn]*; **has the price gone up?** is de prijs omhoog gegaan? *[iss duh preyss omhohCH CHeCHahn]*

goal (*sport*) het doel *[dool]*

goat de geit *[CHeyt]*

God God *[CHot]*

gold het goud *[CHowt]*

golf het golf *[CHolf]*

golf clubs de golfstokken *[CHolfstokkuh]*

golf course de golfbaan *[CHolfbahn]*

good goed *[CHoot]*; **good!** goed zo!; **that's no good** daar heb ik niets aan *[dahr heb ik neets ahn]*; **good heavens!** goeie hemel! *[CHoo-yuh haymel]*

goodbye tot ziens *[tot zeens]*

good-looking knap *[k-nap]*

gooey (*food etc*) kleverig *[klayveriCH]*

goose de gans *[CHans]*

gooseberries de kruisbessen *[krowsbessuh]*

gorgeous (*food*) heerlijk *[hayrluhk]*; (*woman*) heel erg mooi *[hayl airCH moy]*; (*view*) prachtig *[prachtiCH]*

gourmet een gourmet (*de*) *[goormay]*

gourmet food het gourmet voedsel *[goormay vootsel]*

government de regering *[reCHayring]*

gradually geleidelijk *[CHeleydeluhk]*

grammar de grammatica *[CHrammahteekah]*

gram(me) een gram (*de*) *[CHram]*; *see page 119*

granddaughter de kleindochter *[kleyndoCHter]*

grandfather de grootvader *[CHrohtvahder]*

grandmother de grootmoeder *[CHrohtmooder]*

grandson de kleinzoon *[kleynzohn]*

grapefruit een grapefruit (*de*)

grapefruit juice een grapefruitsap (*het*)

grapes de druiven *[drowvuh]*

grass het gras *[CHrass]*

grateful dankbaar *[dankbahr]*; **I'm very grateful to you** ik ben u erg dankbaar *[ꝏ airCH]*

gravy de jus *[jꝏ]*

gray grijs *[CHreyss]*

grease (*on food*) het vet; (*for car*) de smeer *[smayr]*

greasy (*cooking*) vet

great groot *[CHroht]*; (*very good*) fantastisch *[fantasteess]*; **that's great!** dat is fantastisch!

Great Britain Groot-Brittannië *[CHroht-brittanyuh]*

Greece Griekenland *[CHreekuhlant]*

greedy (*for food*) gulzig *[CHoolziCH]*

green groen *[CHroon]*

green card (*insurance*) de groene kaart *[CHroonuh kahrt]*

greengrocer de groenteboer

[CHroontuhboor]
greenhouse de kas *[kass]*
grey grijs *[CHreyss]*
grilled geroosterd *[CHer**oh**stert]*
gristle (*on meat*) het kraakbeen *[kr**ah**kbayn]*
grocer de kruidenier *[krowden**eer**]*
ground de grond *[CHront]*; **on the ground** op de grond; **on the ground floor** op de begane grond *[beCH**ah**nuh]*
ground beef de gemalen biefstuk *[CHem**ah**luh b**ee**fstook]*
group de groep *[CHroop]*
group insurance de groepsverzekering *[CHr**oo**psverzaykering]*
group leader de groepsleider *[CHr**oo**psleyder]*
guarantee de garantie *[CHar**a**nsee]*; **is it guaranteed?** is dat gegarandeerd? *[CHeCHarand**ay**rt]*
guardian (*of child*) de voogd *[vohCHt]*
guest de gast *[CHast]*
guesthouse het pension *[pensh**o**n]*
guest room de logeerkamer *[loj**ay**rkahmer]*
guide (*tourist*) de gids *[CHits]*
guidebook de reisgids *[r**ey**sCHits]*
guilder de gulden *[CH**oo**lden]*
guilty schuldig *[sCH**oo**ldiCH]*
guitar de gitaar *[CHeet**ah**r]*
gum (*in mouth*) het tandvlees *[t**a**ntvlayss]*
gun de revolver
gymnasium de gymnastiekzaal *[CHimnast**ee**kzahl]*
gyn(a)ecologist de gynaecoloog *[CHeenahkol**oh**CH]*

H

hair het haar *[hahr]*
hairbrush de haarborstel *[h**ah**rborstel]*
haircut de coupe *[koop]*; **just an ordinary haircut please** gewoon knippen alstublieft *[CHev**oh**n k-n**i**ppuh alstœbl**ee**ft]*
hairdresser (*man*) de kapper; (*woman*) de kapster
hairdryer de haardroger *[h**ah**rdrohCHer]*
hair gel de haargel *[h**ah**r—]*
hair grip de haarspeld *[h**ah**rspelt]*
hair lacquer de haarlak *[h**ah**r—]*
half half *[hal-f]*; **half an hour** een half uur *['n hal-f œr]*; **a half portion** een halve portie *[h**a**lvuh p**o**rsee]*; **half a litre** een halve liter; **half as much** de helft; **half as much again** anderhalf maal zoveel *[**a**nderhal-f mahl zov**ay**l]*; **not half!** reken maar! *[r**ay**kuhn mahr]*; *see page 118*
half corona een halve corona (*de*) *[h**a**lvuh kohr**oh**nah]*
halfway: halfway to Den Bosch halverwege Den Bosch *[halverv**ay**CHuh]*
ham de ham
hamburger een hamburger (*de*) *[h**a**mburCHer]*
hammer de hamer *[h**ah**mer]*
hand de hand *[hant]*; **will you give me a hand?** wilt u mij even helpen? *[vilt œ mey **ay**vuh h**e**lpuh]*
handbag de handtas *[h**a**ntass]*
hand baggage de handbagage *[h**a**ntbaCHahjuh]*
handbrake de handrem
handkerchief een zakdoek (*de*) *[z**a**kdook]*
handle (*door*) de deurknop *[d**u**rr-k-nop]*; (*cup*) het oor *[ohr]*; **will you handle it?** regel jij het? *[r**ay**CHel yey it]*
hand luggage de handbagage *[h**a**ntbaCHahjuh]*
handmade handgemaakt *[hantCHem**ah**kt]*
handsome knap *[k-nap]*
hanger (*for clothes*) een kleerhanger (*de*) *[kl**ay**rhanger]*
hangover kater *[k**ah**ter]*; **I've got a terrible hangover** ik heb een ontzettende kater *[ontz**e**ttenduh]*
happen gebeuren *[CHeb**u**rruh]*; **how did it happen?** hoe is het gebeurd? *[hoo iss 't CHeb**u**rrt]*; **what's happening?** wat gebeurd er? *[vat]*; **it won't happen again**

het zal niet weer gebeuren *[it zal neet vayr CHEburruh]*

happy gelukkig *[CHElookkiCH]*; **we're not happy with the room** we zijn niet tevreden met de kamer *[vuh zeyn neet tevrayduh]*

harbo(u)r de haven *[hahvuh]*

hard hard *[hart]*; (*difficult*) moeilijk *[mooy-luhk]*

hard-boiled egg een hardgekookt ei (*het*) *[hartCHEkohkt ey]*

hard lenses de harde lenzen *[lenzuh]*

hardly nauwelijks *[nOwеluhks]*; **hardly ever** haast nooit *[hahst noyt]*

hardware store een ijzerwarenwinkel (*de*) *[eyzervahruhvinkel]*

harm kwaad *[kvaht]*

hassle: it's too much hassle het is zo'n gedoe *[it iss zo 'n CHEdoo]*; **a hassle-free holiday** een vakantie zonder problemen *[in vakansee zonder problaymuh]*

hat de hoed *[hoot]*

hatchback (*car*) een auto met vijf deuren (*de*) *[owtoh met veyf durruh]*

hate: I hate ... ik heb een (ontzettende) hekel aan ... *['n (ontzettenduh) haykel ahn]*

have hebben *[hebbuh]*; **do you have ...?** hebt u ...? *[hebt œ]*; **can I have ...?** kan ik ... hebben?; **can I have some water?** kan ik een beetje water krijgen? *['n baytyuh vahter kreyCHuh]*; **I have ...** ik heb ...; **I don't have ...** ik heb geen ... *[CHayn]*; **can we have breakfast in our room?** kunnen we in onze kamer ontbijten? *[koonuh vuh in onzuh kahmer ontbeytuh]*; **have another** (*drink etc*) neem er nog een *[naym er noCH ayn]*; **I have to leave early** ik moet vroeg weg *[moot vrooCH veCH]*; **do I have to ...?** moet ik ...? *[moot]*; **do we have to ...?** moeten we ...? *[mootuh vuh]*; *see page 113, 116*

hay fever de hooikoorts *[hoykohrts]*

he hij *[hey]*; **is he here?** is hij hier? *[iss hey heer]*; *see page 110*

head het hoofd *[hohft]*; **we're heading for Friesland** we zijn op weg naar Friesland *[vuh zeyn op veCH nahr]*

headache de hoofdpijn *[hohftpeyn]*

headlight de koplamp

headphones de koptelefoon *[koptelefohn]*

head waiter de ober

head wind de tegenwind *[tayCHuhvint]*

health de gezondheid *[CHEzontheyt]*; **your health!** gezondheid!

healthy gezond *[CHEzont]*

hear: can you hear me? kun je me verstaan? *[koon yuh muh verstahn]*; **I can't hear you** ik kan je niet verstaan *[neet]*; **I've heard about it** ik heb er van gehoord *[CHE-hohrt]*

hearing aid het gehoorapparaat *[CHEhohrapparaht]*

heart het hart

heart attack de hartaanval *[hartahnval]*

heat de hitte *[hittuh]*; **not in this heat!** niet bij deze hitte! *[neet bey dayzuh hittuh]*

heater (*in car*) de verwarming *[vervarming]*

heating de verwarming *[vervarming]*

heat rash de hittepuistjes *[hittuhpowstyuhs]*

heat stroke een zonnesteek (*de*) *[zonnuhstayk]*

heatwave een hittegolf (*de*) *[hittuhCHolf]*

heavy zwaar *[zvahr]*

hectic hectisch *[hekteess]*

heel (*of foot*) de hiel *[heel]*; (*of shoe*) de hak; **could you put new heels on these?** kunt u hier nieuwe hakken onder zetten? *[koont œ heer 'new'uh hakkuh onder zettuh]*

heelbar de hakkenbar

height (*building*) de hoogte *[hohCHtuh]*; (*person*) de lengte *[lengtuh]*

helicopter de helikopter *[haylikopter]*

hell: oh hell! verdikkeme! *[verdikkuhmuh]*; **go to hell!** loop naar de maan! *[lohp nahr duh mahn]*

hello! hallo; (*in surprise*) hé *[hay]*

helmet (*motorcycle*) de valhelm *[val-helm]*

help helpen *[helpuh]*; **can you help me?** kunt u mij helpen? *[koont œ mey]*; **thanks for your help** bedankt voor uw hulp *[bedankt vohr oow hoolp]*; **help!** help!

helpful: he was very helpful hij was erg behulpzaam *[hey vass airCH behoolpzahm]*; **that's helpful** dat is nuttig *[nootiCH]*

helping (*of food*) een portie (*de*) *[porsee]*

hepatitis de leverontsteking *[layverontstayking]*

her: I don't know her ik ken haar niet *[hahr neet]*; **will you send it to her?** wilt u het naar haar opsturen? *[vilt oo 't nahr hahr opstooruh]*; **it's her** zij is het *[zey iss 't]*; **with her** met haar; **for her** voor haar *[vohr]*; **that's her suitcase** dat is haar koffer; *see pages 109, 110*

herbs de kruiden *[krowduh]*

here hier *[heer]*; **here you are** (*giving something*) alstublieft *[alstoobleeft]*; **here he comes** daar komt hij *[dahr komt hey]*

hers: that's hers dat is van haar *[van hahr]*; *see page 112*

hey! hé! *[hay]*

hi hallo; (*more informal*) hoi *[hoy]*

hiccups de hik

hide verbergen *[verbairCHuh]*

hideous afschuwelijk *[afsCHooveluhk]*

high hoog *[hohCH]*

highbeam het grote licht *[CHrohtuh liCHt]*

highchair (*for baby*) een kinderstoel (*de*) *[kinderstool]*

highlighter (*cosmetic*) de highlighter

highway de autosnelweg *[owtohsnelveCH]*

hiking wandelen *[vandeluh]*

hill de heuvel *[hurvel]*; **it's further up the hill** het ligt hoger op de heuvel *[it liCHt hohCHer op duh]*

hilly heuvelachtig *[hurvelaCHtiCH]*

him: I don't know him ik ken hem niet *[neet]*; **will you send it to him?** stuur jij het naar hem *[stoor yey 't nahr]*; **it's him** hij is het *[hey iss 't]*; **with him** met hem; **for him** voor hem *[vohr]*; *see page 110*

hip de heup *[hurp]*

hire: can I hire a car? kan ik een auto huren *[hooruh]*; **do you hire them out?** verhuurt u ze? *[verhoort oo zuh]*

his: it's his drink het is zijn borrel *[it iss zeyn]*; **it's his** het is van hem; *see pages 109, 112*

history: the history of Nijmegen de geschiedenis van Nijmegen *[CHesCHeedeniss]*

hit: he hit me hij heeft me geslagen *[hey hayft muh CHeslahCHuh]*; **I hit my head** ik heb mijn hoofd gestoten *[CHestohtuh]*

hitch: is there a hitch? zijn er problemen? *[zeyn er problaymuh]*

hitch-hike liften *[liftuh]*

hitch-hiker een lifter (*de*)

hit record een top record (*het*)

hole een gat (*het*) *[CHat]*

holiday de vakantie *[vakansee]*; **I'm on holiday** ik ben op vakantie

Holland Nederland *[nayderlant]*

home een huis (*het*) *[howss]*; **at home** thuis *[towss]*; (*in my own country*) bij ons (in Amerika, Engeland) *[bey]*; **I go home tomorrow** ik ga morgen naar huis *[ik CHah morCHuh nahr]*; **home sweet home!** oost west, thuis best! *[ohst]*

home address het thuisadres *[towsadress]*

homemade eigengemaakt *[eyCHuhCHemahkt]*

homesick: I'm homesick ik heb heimwee *[heymvay]*

honest eerlijk *[ayrluhk]*

honestly? werkelijk? *[vairkeluhk]*

honey de honing

honeymoon de huwelijksreis *[hooveluhksreyss]*; **it's our honeymoon** het is onze huwelijksreis *[it iss onzuh]*; **a second honeymoon** een tweede huwelijksreis *[in tvayduh]*

honeymoon suite de bruidssuite *[browts-sweetuh]*

hood (*of car*) de motorkap

hoover (*tm*) de stofzuiger *[stofzowCHer]*

hope de hoop *[hohp]*; **I hope so** ik hoop het; **I hope not** ik hoop van niet *[neet]*

horn (*car*) de toeter *[tooter]*

horrible afschuwelijk *[afsCHooveluhk]*

hors d'oeuvre de hors d'oeuvre

horse een paard (*het*) *[pahrt]*

horse riding paardrijden *[pahrtreyduh]*

hose de slang

hospital het ziekenhuis *[zeekuh-howss]*

hospitality de gastvrijheid *[CHastvreyheyt]*; **thank you for your hospitality** dank u voor uw gastvrijheid *[dank oo vohr oow]*

hostel de jeugdherberg *[jurCHt-hairbairCH]*

hot heet *[hayt]*; **I'm hot** ik heb het heet; **something hot to eat** iets warms te eten *[eets varms tuh aytuh]*; **it's so hot today** het is zo warm vandaag *[varm]*

hotdog een hotdog (*de*)

hotel het hotel; **at my hotel** in mijn hotel *[meyn]*

hotel clerk de hotel-receptionist *[resepshonist]*; (*woman*) de hotel-receptionste *[—istuh]*

hotplate (*on cooker*) de kookplaat *[kohkplaht]*
hot-water bottle een warme kruik (*de*) *[varmuh krowk]*
hour een uur (*het*) *[œr]*; **on the hour** op het uur *[op 't œr]*
house het huis *[howss]*
housewife de huisvrouw *[howsvrow]*
hovercraft de hovercraft *[hoover—]*
how hoe *[hoo]*; **how many?** hoeveel? *[hoovayl]*; **how much?** hoeveel?; **how often?** hoe vaak? *[hoo vahk]*; **how are you?** hoe gaat het met u? *[CHaht 't met œ]*; **how do you do?** aangenaam kennis te maken *[ahnCHenahm kennis tuh mahkuh]*; **how about a beer?** heb je zin in een pilsje? *[heb yuh zin in 'n pilshuh]*; **how nice!** wat leuk! *[vat lurk]*; **would you show me how to?** kunt u mij laten zien hoe? *[koont œ mey lahtuh zeen hoo]*
humid vochtig *[voCHtiCH]*
humidity de vochtigheid *[voCHtiCHheyt]*
humo(u)r: where's your sense of humo(u)r? waar is je gevoel voor humor? *[vahr iss yuh CHevool vohr hœmor]*
hundredweight *see page 120*
hungry: I'm hungry ik heb honger; **I'm not hungry** ik heb geen honger *[CHayn]*
hurry: I'm in a hurry ik heb haast *[hahst]*; **hurry up!** schiet op! *[sCHeet op]*; **there's no hurry** er is geen haast bij *[er iss CHayn hahst bey]*
hurt: it hurts me het doet pijn *['t doot peyn]*; **my back hurts** mijn rug doet pijn *[meyn rooCH]*
husband: my husband mijn echtgenoot *[eCHtCHenoht]*
hydrofoil de vleugelboot *[vlurCHelboht]*

I

I ik; **I am English** ik ben Engels; *see page 110*
ice het ijs *[eyss]*; **with ice** met ijs; **with ice and lemon** met ijs en citroen *[seetroon]*
ice-cream een ijsje (*het*) *[eyshuh]*
ice-cream cone een ijshoorn (*de*) *[eyshohrn]*
ice skates de schaatsen *[sCHahtsuh]*
ice skating schaatsen *[sCHahtsuh]*
iced coffee een ijsgekoelde koffie (*de*) *[eysCHekoolduh koffee]*
idea een idee (*het*) *[eeday]*; **good idea!** goed idee, zeg! *[CHoot eeday zeCH]*
ideal ideaal *[eedayahl]*
identity papers de legitimatiepapieren *[layCHeeteemahsseepapeeruh]*
idiot een idioot (*de*) *[eedeeyoht]*
idyllic idyllisch *[eedilleess]*
if als; **if you could** als je ... zou kunnen ... *[zow koonuh]*; **if not** zo neen *[zo nayn]*; **if so** zo ja *[zo yah]*
ignition de ontsteking *[ontstayking]*
ill ziek *[zeek]*; **I feel ill** ik voel me niet goed *[vool muh neet CHoot]*
illegal illegaal *[illayCHahl]*
illegible onleesbaar *[onlaysbahr]*
illness de ziekte *[zeektuh]*
imitation (*leather etc*) kunst- *[koonst]*
immediately onmiddellijk *[onmiddeluhk]*
immigration de immigratie *[immeeCHrahsee]*
import importeren *[importayruh]*
important belangrijk *[belangreyk]*; **it's very important** het is erg belangrijk *[it iss airCH]*; **it's not important** het is niet belangrijk *[neet]*
import duty de invoerrechten *[invoorreCHtuh]*
impossible onmogelijk *[onmohCHeluhk]*
impressive indrukwekkend *[indrookvekkent]*
improve: it's improving het wordt beter *['t vort bayter]*; **I want to improve my Dutch** ik wil mijn Nederlands verbeteren *[vill meyn nayderlants verbayteruh]*
improvement een verbetering (*de*) *[verbaytering]*
in: in my room in mijn kamer; **in the town centre** in het centrum van de stad;

in London in Londen; **in one hour's time** over een uur *[**o**ver ayn œr]*; **in August** in augustus *[in owcHoostus]*; **in English** in het Engels *[in 't]*; **is he in?** is hij thuis? *[iss hey towss]*
inch de duim *[dowm]*; *see page 119*
include omvatten *[omv**a**ttuh]*; **does that include meals?** zijn de maaltijden daarbij inbegrepen? *[zeyn duh m**ah**lteyduh d**ah**rbey **i**nbecHraypuh]*; **is that included in the price?** is dat bij de prijs inbegrepen? *[iss dat bey duh preyss]*
inclusive inclusief *[inklœs**ee**f]*
incompetent onbekwaam *[onbekv**ah**m]*
inconvenient (*time*) ongelegen *[oncHel**ay**cHuh]*
increase de toename *[t**oo**nahmuh]*; (*price*) de prijsverhoging *[pr**ey**ssverhohcHing]*
incredible ongelooflijk *[oncHel**oh**fluhk]*
indecent onfatsoenlijk *[onfats**oo**nluhk]*
independent onafhankelijk *[onafh**a**nkeluhk]*
India Indië *[**i**ndeeyuh]*
Indian Indisch *[**i**ndeess]*; (*man*) de Indiër *[**i**ndeeyer]*; (*woman*) de Indische *[**i**ndeessuh]*
indicator (*car*) de richtingaanwijzer *[r**i**cHting-ahnveyzer]*
indigestion de indigestie *[indeecH**e**stee]*
indoor pool het binnenbad *[b**i**nnuhbat]*
indoors binnen *[b**i**nnuh]*
industry de industrie *[indoostr**ee**]*
inefficient ondoelmatig *[ondoolm**ah**ticH]*
infection de infectie *[inf**e**ksee]*
infectious besmettelijk *[besm**e**tteluhk]*
inflammation een ontsteking (*de*) *[ontst**ay**king]*
inflation de inflatie *[infl**ah**ssee]*
informal informeel *[inform**ay**l]*
information informatie (*de*) *[inform**ah**ssee]*
information desk (*at airport etc*) de informatiebalie *[inform**ah**sseebahlee]*
information office het inlichtingenkantoor *[**i**nlicHtinguhkantohr]*
injection een injectie (*de*) *[iny**e**ksee]*
injured gewond *[cHev**o**nt]*; **she's been injured** ze is gewond *[zuh iss]*
injury de verwonding *[verv**o**nding]*
in-law: my in-laws mijn schoonouders *[meyn scH**oh**nowders]*
innocent onschuldig *[**o**nscHooldicH]*
inquisitive nieuwsgierig *['news'cH**ee**ricH]*
insect een insekt (*het*)
insect bite een insektebeet (*de*) *[ins**e**ktuhbayt]*
insecticide een insekticide (*het*) *[insekteess**ee**duh]*
insect repellent een insektenverdrijver (*de*) *[ins**e**ktuhverdreyver]*
inside: inside the tent in de tent; **let's sit inside** laten we binnen zitten *[l**ah**tuh vuh b**i**nnuh z**i**ttuh]*
insincere onoprecht *[**o**noprecHt]*
insist: I insist ik sta erop *[stah er**o**p]*
insomnia de slapeloosheid *[slahpel**oh**sheyt]*
instant coffee de oploskoffie *[**o**ploskoffee]*
instead in plaats daarvan *[plahts d**ah**rvan]*; **I'll have that one instead** ik neem die ervoor in de plaats *[naym dee erv**oh**r in duh plahts]*; **instead of ...** in plaats van ...
insulating tape het isolatieband *[eesol**ah**sseebant]*
insulin de insuline *[insœl**ee**nuh]*
insult een belediging (*de*) *[bel**ay**dicHing]*
insurance de verzekering *[verz**ay**kering]*; **write the name and address of your insurance company here** schrijf hier de naam en het adres van uw verzekeringsmaatschappij *[scHreyf heer duh nahm en 't adr**e**ss van oow verz**ay**kerings-mahtscHapp**ey**]*
insurance policy de verzekeringspolis *[verz**ay**keringspohliss]*
intellectual een intellectueel (*de*) *[intellektœ-**ay**l]*
intelligent intelligent *[intelleecH**e**nt]*
intentional: it wasn't intentional het was niet opzettelijk *['t vass neet opz**e**tteluhk]*
interest: places of interest bezienswaardigheden *[bezeensv**ah**rdicH-hayduh]*
interested: I'm very interested in ... ik ben erg geïnterresseerd in ... *[aircH cHe-interress**ay**rt]*
interesting interessant; **that's very interesting** dat is erg interessant *[dat iss aircH]*
international internationaal *[internasho**nah**l]*

interpret tolken *[**to**lkuh]*; **would you interpret?** wilt u tolken? *[vilt ꝏ]*
interpreter de tolk
intersection de wegkruising *[**ve**CHkrowsing]*
interval een pauze (*de*) *[**pow**zuh]*
into: I'm not into that (*don't like*) dat interesseert mij niet *[dat interess**ay**rt mey neet]*
introduce: may I introduce ...? mag ik ... aan u voorstellen? *[maCH ik ... ahn ꝏ v**oh**rstelluh]*
introvert de introvert *[introhv**ai**rt]*
invalid (*person*) een invalide (*de*) *[inval**ee**duh]*
invalid chair de rolstoel *[r**o**lstool]*
invitation de uitnodiging *[**ow**tnohdiCHing]*; **thank you for the invitation** dank u voor uw uitnodiging *[dank ꝏ vohr oow]*
invite uitnodigen *[**ow**tnohdiCHuh]*; **can I invite you out for a meal?** mag ik u uitnodigen om ergens te eten? *[maCH ik ꝏ ... **ai**rCHens tuh **ay**tuh]*
involved: I don't want to get involved in it ik wil er niet bij betrokken raken *[vill er neet bey betr**o**kkuh r**ah**kuh]*
iodine het jodium *[y**oh**dee-um]*
Ireland Ierland *[**ee**rlant]*
Irish Iers *[eers]*
Irishman een Ier (*de*) *[eer]*
Irishwoman een Ierse (*de*) *[**ee**rsuh]*
iron (*for clothes*) een strijkijzer (*het*) *[str**ey**k-eyzer]*; **can you iron these for me?** kunt u deze voor mij strijken? *[koont ꝏ d**ay**zuh vohr mey]*
ironmonger de ijzerwarenhandelaar *[**ey**zervahruh-handelahr]*
is *see page 113*
island een eiland (*het*) *[**ey**lant]*; **on the island** op het eiland *[op 't]*
isolated geïsoleerd *[CHe-eezohl**ay**rt]*
it het *['t, it]*; **is it ...?** is het ...? *[iss 't]*; **where is it?** waar is het? *[vahr iss 't]*; **it's her** zij is het *[zey iss 't]*; **it's only me** ik ben het maar *[ik ben 't mahr]*; **it was ...** het was ... *[it vass]*; **that's just it!** dat is het 'm nu juist *[dat iss 't 'm nꝏ yowst]*; **that's it** (*that's right*) dat is het; *see page 110*
Italian (*adj*) Italiaans *[eetaly**ah**ns]*; (*man*) een Italiaan (*de*) *[eetaly**ah**n]*; (*woman*) een Italiaanse (*de*) *[eetaly**ah**nsuh]*
Italy Italië *[eet**a**leeyuh]*
itch: it itches het jeukt *[it yurkt]*
itinerary het reisplan *[r**ey**splan]*

J

jack (*for car*) de krik
jacket de jas *[yass]*
jacuzzi het massagebad *[mass**ah**juhbat]*
jam de jam *[jem]*; **traffic jam** de verkeersopstopping *[verk**ay**rs—]*; **I jammed on the brakes** ik stond op de remmen *[stont op duh r**e**mmuh]*
January januari *[yanꝏ**ah**ree]*
jaundice de geelzucht *[CH**ay**lzooCHt]*
jaw de kaak *[kahk]*
jazz jazz
jazz club een jazz club (*de*) *[kloob]*
jealous (*in love*) jaloers *[yal**oo**rs]*; **he's jealous** hij is jaloers *[hey]*
jeans de spijkerbroek *[sp**ey**kerbrook]*
jellyfish een kwal (*de*) *[kval]*
jet-setter een jet-setter (*de*)
jetty de aanlegsteiger *[**ah**nleCHsteyCHer]*
Jew een Jood (*de*) *[yoht]*
jewel(le)ry de juwelen *[yꝏv**ay**luh]*
Jewish Joods *[yohts]*
jiffy: just a jiffy! een ogenblik alstublieft! *[**oh**CHenblik alstꝏbl**ee**ft]*
job de baan *[bahn]*; **just the job!** net wat we nodig hebben! *[net vat vuh n**oh**diCH hebbuh]*; **it's a good job you told me!** het is maar goed dat je het mij verteld hebt! *['t iss mahr CHoot dat yuh 't mey vert**e**lt hebt]*
jog: I'm going for a jog ik ga joggen *[j**o**gguh]*
jogging joggen *[j**o**gguh]*

join (*club etc*) lid worden van *[lit vorduh]*; **I'd like to join** ik wil graag lid worden *[vill CHrahCH]*; **can I join you?** (*at table*) kan ik hier zitten? *[heer zittuh]*; **do you want to join us?** wilt u zich bij ons aansluiten? *[vilt oo ziCH bey ons ahnslowtuh]*
joint (*in body*) het gewricht *[CHevriCHt]*; (*to smoke*) een joint (*de*)
joke een grap (*de*) *[CHrap]*; **you've got to be joking!** dat moet een grapje zijn *[dat moot 'n CHrapyuh zeyn]*; **it's no joke** het is geen grap *[CHayn]*
jolly: it was jolly good het was prima *[it vass preemah]*; **jolly good!** uitstekend! *[owtstaykent]*
journey de reis *[reyss]*; **have a good journey!** goeie reis! *[CHooyuh]*; **safe journey home!** veilig thuis! *[veyliCH towss]*
jug de kan; **a jug of water** een kan water *[vahter]*
July juli *[yoolee]*
jump: you made me jump je liet me schrikken *[yuh leet muh sCHrikkuh]*; **jump in!** (*to car*) spring erin!
jumper een trui (*de*) *[trow]*
jump leads, jumper cables de accukabels *[akkoo-kahbels]*
junction de wegkruising *[veCHkrowsing]*
June juni *[yoonee]*
junior: Mr Jones junior de heer Jones junior *[duh hayr … yooneeor]*
junk (*rubbish*) de rommel
just: just one for me voor mij maar een *[vohr mey mahr ayn]*; **just me** alleen ik *[allayn]*; **just for me** alleen voor mij; **just a little** maar een beetje *[mahr 'n baytyuh]*; **just here** hier *[heer]*; **not just now** nu even niet *[noo ayvuh neet]*; **he was here just now** hij was zojuist nog hier *[hey vass zoyowst noCH heer]*; **that's just right** dat is precies goed *[preseess CHoot]*; **it's just as good** het is net zo goed; **that's just as well** dat is maar goed ook *[mahr CHoot ohk]*

K

kagul een lichte anorak (*de*) *[liCHtuh]*
keen: I'm not keen ik heb er weinig zin in *[veynich]*
keep: can I keep it? kan ik het houden *[howduh]*; **you can keep it** u kunt het houden; *[oo koont 't]*; **keep the change** zo is het goed *[zo iss 't CHoot]*; **will it keep?** (*food*) blijft het lang goed? *[bleyft 't lang CHoot]*; **it's keeping me awake** ik lig er wakker van *[liCH er vakker]*; **it keeps on breaking** het breekt steeds *[it braykt stayts]*; **I can't keep anything down** (*food*) ik kan er niets inhouden *[neets inhowduh]*
kerb de trottoirband *[trotvahrbant]*
ketchup de ketchup
kettle de ketel *[kaytel]*
key de sleutel *[slurtel]*
kid: the kids de kinderen *[kin-deruh]*; **I'm not kidding** ik hou je niet voor de gek *[how yuh neet vohr duh CHek]*
kidneys nieren (*de*) *[neeruh]*
kill doden *[dohduh]*; **my feet are killing me** ik heb vreselijke last van mijn voeten *[vrayseluhkuh lasst van meyn vootuh]*
kilo een kilo (*de*); *see page 120*
kilometre, kilometer een kilometer (*de*) *[keelomayter]*; *see page 119*
kind: that's very kind dat is erg vriendelijk *[airCH vreendeluhk]*; **this kind of …** dit soort … *[sohrt]*
kiss een kus (*de*) *[kooss]*
kitchen de keuken *[kurkuh]*
kitchenette een kleine keuken (*de*) *[kleynuh kurkuh]*
Kleenex (*tm*) Kleenex
knackered (*tired*) doodop *[dohtop]*
knee de knie *[k-nee]*
knickers het damesslipje *[dahmesslip-yuh]*
knife het mes
knitting het breiwerk *[breyvairk]*

knitting needles de breinaalden *[breynahlduh]*
knobbly knees knobbelige knieën *[k-nobbelicHuh k-nee-uh]*
knock: there's a knocking noise from the engine de motor maakt een kloppend geluid *[mahkt in kloppent cHelowt]*; **he's had a knock on the head** hij heeft een klap op zijn hoofd gehad *[hey hayft 'n klap op zeyn hohft cHehat]*; **he's been knocked over** hij is aangereden *[ahncHerayduh]*
knot (*in rope*) een knoop (*de*) *[k-nohp]*
know (*somebody, place*) kennen *[kennuh]*; (*something*) weten *[vaytuh]*; **I didn't know that** dat wist ik niet *[vist ik neet]*; **I don't know** ik weet het niet *[vayt 't neet]*; **do you know a good restaurant?** weet u een goed restaurant?; **who knows?** wie weet? *[vee vayt]*

L

label (*suitcase*) de label; (*stick on*) het etiket *[ayteeket]*
laces (*shoes*) de veters *[vayters]*
lacquer de haarlak *[hahrlak]*
ladies' (room) het damestoilet *[dahmestvalet]*
lady een dame (*de*) *[dahmuh]*; **ladies and gentlemen!** dames en heren! *[dahmuhs en hayruh]*
lager een lager bier (*het*) *[lahcHer beer]*, een pils (*de*)
lake een meer (*het*) *[mayr]*
lamb een lam (*het*); (*meat*) het lamsvlees *[lamsvlayss]*
lamp een lamp (*de*)
lamppost de lantaarnpaal *[lantahrnpahl]*
lampshade een lampekap (*de*) *[lampuhkap]*
land (*ground*) het land *[lant]*; **when does the plane land?** hoe laat landt het vliegtuig? *[hoo laht … 't vleecHtowcH]*
landscape het landschap *[lantscHap]*
lane (*car*) een rijstrook (*de*) *[reystrohk]*; (*narrow road*) een weggetje (*het*) *[vecHetyuh]*
language de taal *[tahl]*
language course een taalcursus (*de*) *[tahlkoorsooss]*
large groot *[cHroht]*
laryngitis ontsteking van het strottehoofd *[ontstayking … strottuh-hohft]*
last laatst(e) *[lahtst(uh)]*; **last year** verleden jaar *[verlayduh yahr]*; **last Wednesday** afgelopen woensdag *[afcHelohpuh]*; **last night** gisteravond *[cHisterahvont]*; **when is the last bus?** hoe laat gaat de laatste bus? *[hoo laht cHaht duh lahtstuh booss]*; **one last drink** nog een laatste borrel *[nocH 'n]*; **when were you last in London?** wanneer was je voor het laatst in Londen? *[vanayr vass yuh vohr 't lahtst]*; **at last!** eindelijk! *[eyndeluhk]*; **how long does it last?** (*film etc*) hoe lang duurt het? *[hoo lang dœrt 't]*; **last name** de achternaam *[acHternahm]*
late: sorry I'm late sorry dat ik zo laat ben *[laht]*; **don't be late** kom niet te laat *[neet tuh]*; **the bus was late** de bus was te laat; **we'll be back late** we komen laat terug *[vuh kohmuh laht teroocH]*; **it's getting late** het wordt laat *[vort]*; **is it that late!** is het al zo laat!; **it's too late now** het is nu te laat *[nœ]*; **I'm a late riser** ik sta altijd laat op *[stah alteyt]*
lately de laatste tijd *[lahtstuh teyt]*
later later *[lahter]*; **later on** later; **I'll come back later** ik kom straks terug *[teroocH]*; **see you later** tot straks; **no later than Tuesday** niet later dan dinsdag *[neet]*
latest: the latest news het laatste nieuws *[lahtstuh 'new's]*; **at the latest** op zijn laatst *[zeyn lahtst]*
laugh lachen *[lacHuh]*; **don't laugh** lach niet *[lacH neet]*; **it's no laughing matter** het is helemaal niet grappig *[hayluhmahl neet cHrappicH]*

launderette, laundromat de wasserette *[vasserett]*

laundry (*clothes*) het wasgoed *[vaschoot]*; (*place*) de wasserij *[vasserey]*; **could you get the laundry done?** kunt u de was voor mij doen? *[koont* ω *duh vass vohr mey doon]*

lavatory de w.c. *[vaysay]*

law de wet *[vet]*; **against the law** tegen de wet *[taychuh]*

lawn het grasveld *[chrassvelt]*

lawyer de advocaat *[advokaht]*

laxative een laxeermiddel (*het*) *[laxayrmiddel]*

lay-by een parkeerhaven (*de*) *[parkayrhahvuh]*

laze around: I just want to laze around ik wil alleen wat luieren *[allayn vat lowyeruh]*

lazy lui *[low]*; **don't be lazy** wees niet zo lui *[vayss neet]*; **a nice lazy holiday** een lekkere luie vakantie *[in lekkeruh lowyuh vakansee]*

lead (*elec*) de snoer *[snoor]*; **where does this road lead?** waar gaat deze weg naar toe? *[vahr chaht dayzuh vech nahr too]*

leaf een blad (*het*) *[blat]*

leaflet de brochure *[broshωruh]*; **do you have any leaflets on ...?** hebt u ook brochures over ...? *[ω ohk]*

leak een lekkage (*de*) *[lekkahjuh]*; **the roof leaks** het dak lekt

learn: I want to learn ... ik wil leren ... *[layruh]*

learner: I'm just a learner ik ben maar een beginneling *[mahr 'n bechinneling]*

lease verhuren *[verhωruh]*

least: not in the least helemaal niet *[hayluhmahl neet]*; **at least 50** minstens 50

leather het leer *[layr]*

leave: when does the bus leave? wanneer vertrekt de bus? *[vanayr vertrekt]*; **I leave tomorrow** ik vertrek morgen *[morchuh]*; **he left this morning** hij is vanochtend vertrokken *[hey iss vanochtent vertrokkuh]*; **may I leave this here?** kan ik dit hier laten liggen? *[heer lahtuh lichuh]*; **I left my bag in the bar** ik heb mijn tas in de bar laten liggen *[meyn tass]*; **she left her bag here** ze heeft haar tas hier laten liggen *[zuh hayft hahr]*; **leave the window open please** laat het raam open alstublieft *[laht 't rahm open alstωbleeft]*; **there's not much left** er is niet veel meer over *[neet vayl mayr over]*; **I've hardly any money left** ik heb haast geen geld meer over *[hahst chayn chelt]*; **I'll leave it up to you** ik laat het aan jou over

lecherous wellustig *[velloostich]*

left links; **on the left** aan de linkerkant

lefthand drive een links stuur (*het*) *[links stωr]*

left-handed linkshandig *[links-handich]*

left luggage (office) de bagage-depot *[bachahjuh-depoh]*

leg het been *[bayn]*

legal wettig *[vettich]*

legal aid de rechtskundige bijstand *[rechtskoondichuh beystant]*

lemon een citroen (*de*) *[sitroon]*

lemonade een limonade (*de*) *[leemonahduh]*

lemon tea een citroenthee (*de*) *[sitroontay]*

lend: would you lend me your ...? kunt u mij uw ... lenen? *[koont* ω *mey ... laynuh]*

lens de lens

lens cap de lensdop

Lent de vastentijd *[vastenteyt]*

lesbian: she is a lesbian zij is lesbisch *[zey iss lesbeess]*

less: less than an hour nog geen uur *[noch chayn ωr]*; **less than that** minder dan dat *[minder]*; **less hot** niet zo heet *[neet zo hayt]*

lesson een les (*de*) *[less]*; **do you give lessons?** geeft u les? *[chayft* ω*]*

let: will you let me know? laat u het me weten? *[laht* ω *'t muh vaytuh]*; **I'll let you know** ik laat het u weten; **let me try** laat mij het eens proberen *[laht mey it ayns probayruh]*; **let me go!** laat me los!; **let's leave now** laten we nu gaan *[lahtuh vuh n*ω *chahn]*; **let's not go yet** laten we nog even blijven *[noch ayvuh bleyvuh]*; **will you let me off at ...?** (*bus*) wilt u mij uit laten stappen bij *[vilt* ω *muh owt lahtuh stappuh bey]*; (*taxi*) wilt u mij afzetten bij *[afzettuh]*; **would you let me use it?** mag ik het van u gebruiken? *[mach ik 't van* ω *chebrowkuh]*; **room to let** kamer te huur *[kahmer tuh hωr]*

letter een brief (*de*) *[breef]*; **are there any**

letters for me? is er post voor me? *[iss er posst vohr mey]*
letterbox de brievenbus *[breevuhbooss]*
lettuce de sla *[slah]*
level crossing de spoorwegovergang *[spohrvecHovercHang]*
lever de hendel
liable (*responsible*) verantwoordelijk *[verantvohrdeluhk]*
liberated: a liberated woman een geëmancipeerde vrouw (*de*) *[cHe-aymansseepayrduh vrow]*
library de bibliotheek *[beebleeotayk]*
licence, license de vergunning *[vercHoonning]*
license plate de nummerplaat *[noomerplaht]*
lid het deksel
lido een natuurbad (*het*) *[natoorbat]*
lie (*untruth*) een leugen (*de*) *[lurcHuh]*; **can she lie down for a while?** kan ze even gaan liggen? *[ayvuh cHahn licHuh]*; **I want to go and lie down** ik ga een poosje rusten *[cHah 'n poh-shuh roostuh]*
lie-in: I'm going to have a lie-in tomorrow ik slaap morgen uit *[slahp … owt]*
life het leven *[layvuh]*; **not on your life!** om de dood niet! *[om duh doht neet]*; **that's life** zo is het leven
lifebelt de reddingsboei *[reddingsbooy]*
lifeboat de reddingsboot *[reddingsboht]*
lifeguard (*on beach*) de strandwacht *[strantvacHt]*
life insurance de levensverzekering *[layvensverzaykering]*
life jacket een reddingsvest (*het*)
lift (*in hotel*) de lift; **could you give me a lift?** kunt u mij een lift geven? *[koont oo mey 'n lift cHayvuh]*; **do you want a lift?** wil je een lift hebben? *[vill yuh 'n … hebbuh]*; **thanks for the lift** bedankt voor de lift *[bedankt vohr]*; **I got a lift** ik kreeg een lift *[kraycH]*
light het licht *[licHt]*; (*not heavy*) licht; **the light was on** het licht was aan *[ahn]*; **do you have a light?** hebt u vuur? *[oo voor]*; **a light meal** een lichte maaltijd *[licHtuh mahlteyt]*; **light blue** lichtblauw *[licHtblow]*
light bulb een lichtpeertje (*het*) *[licHtpayrtyuh]*
lighter (*cigarette*) de aansteker *[ahn-stayker]*
lighthouse de vuurtoren *[voortohruh]*
light meter de belichtingsmeter *[belicHtingsmayter]*
lightning de bliksem
like: I'd like a … ik wil graag een … *[vill cHrahcH]*; **I'd like to …** ik wil graag …; **would you like a …?** heb je zin in een …? *[heb yuh zin in 'n]*; **would you like to come too?** heb je zin om ook te komen? *[ohk tuh kohmuh]*; **I like it** ik hou ervan *[how]*; (*food*) ik vind het lekker *[vint it lekker]*; **I like you** ik vind je aardig *[ahrdicH]*; **I don't like it** ik hou er niet van *[how er neet]*; **he doesn't like it** hij houdt er niet van *[hey howt]*; **do you like …?** hou je van …? *[how yuh van]*; **I like swimming** ik zwem graag *[zvem cHrahcH]*; **OK, if you like** oké als jij dat wilt *[als yuh dat vilt]*; **what's it like?** hoe is het?; **do it like this** doe het op deze manier *[op dayzuh maneer]*; **can I have one like that?** kan ik er zo een hebben? *[zo ayn hebbuh]*
lilo (*tm*) het luchtbed *[loocHtbett]*
lime cordial, lime juice een limoensiroop (*de*) *[leemoonseerohp]*
line (*on paper*) een regel (*de*) *[raycHel]*; (*on road*) een streep (*de*) *[strayp]*; (*of people*) een rij (*de*) *[rey]*; (*telephone*) de lijn *[leyn]*; **would you give me a line?** (*tel*) kunt u mij een lijn geven? *[koont oo mey 'n leyn cHayvuh]*
linen (*for beds*) het linnengoed *[linnuhcHoot]*
linguist een linguist (*de*); **I'm no linguist** ik heb geen talenknobbel *[cHayn tahlen-k-nobbel]*
lining (*of coat*) de voering *[vooring]*
lip de lip
lip brush een lippenpenseel (*het*) *[lippuhpensayl]*
lip gloss de lip gloss
lip pencil een lippenpotlood (*het*) *[lippuhpotloht]*
lip salve de lippenzalf *[lippuhzalf]*
lipstick de lippenstift *[lippuhstift]*
liqueur een likeur (*de*) *[likurr]*
liquor de sterke drank *[stairkuh]*
liquor store een slijterij (*de*) *[sleyter-rey]*
list de lijst *[leyst]*
listen: I'd like to listen to … ik wil graag naar … luisteren *[vill cHrahcH nahr …*

lowsteruh]; **listen!** luister! *[lowster]*
liter, litre een liter (*de*); *see page 120*
litter het afval
little klein *[kleyn]*; **just a little, thanks** een klein beetje, graag *[kleyn baytyuh CHrahCH]*; **just a very little** een heel klein beetje maar *[hayl ... mahr]*; **a little milk** een klein scheutje melk *[sCHurtyuh]*; **a little more** een ietsje meer *[eetsyuh mayr]*; **a little better** iets beter *[eets]*; **that's too little** (*not enough*) dat is niet genoeg *[neet CHenooCH]*
live leven *[layvuh]*; **I live in Manchester/Texas** ik woon in Manchester/Texas *[vohn]*; **where do you live?** waar woon je? *[vahr ... yuh]*; **where does he live?** waar woont hij? *[vohnt hey]*; **we live together** we wonen samen *[vuh vohnuh sahmuh]*
lively (*town*) druk *[drook]*; (*person*) levendig *[layvendiCH]*
liver de lever *[layver]*
lizard de hagedis *[hahCHediss]*
loaf een brood (*het*) *[broht]*
lobby de lounge
lobster een kreeft (*de*) *[krayft]*
local: a local newspaper een plaatselijke krant *[plahtseluhkuh]*; **a local restaurant** een restaurant in de buurt *[bœrt]*
lock het slot; (*on canal*) de sluis *[slowss]*; **it's locked** het is op slot; **I've locked myself out (of my room)** ik heb mezelf buitengesloten *[bowtuhCHeslohtuh]*
locker (*for luggage etc*) een bagagekluis (*de*) *[baCHahjuhklowss]*
log: I slept like a log ik heb geslapen als een os *[CHeslahpuh als 'n oss]*
lollipop een lollie (*de*)
London Londen
lonely eenzaam *[aynzahm]*; **are you lonely?** ben je eenzaam? *[yuh]*
long lang; **how long does it take?** hoe lang duurt het? *[hoo lang dœrt 't]*; **is it a long way?** is het ver? *[vair]*; **a long time** een lange tijd *[languh teyt]*; **I won't be long** ik ben zo terug *[zo terooCH]*; **don't be long** blijf niet te lang weg *[bleyf neet tuh ... veCH]*; **that was long ago** dat is lang geleden *[CHelayduh]*; **I'd like to stay longer** ik zou graag langer willen blijven *[zow CHrahCH langer villuh bleyvuh]*; **long time no see!** dat is lang geleden! *[CHelayduh]*; **so long!** tot ziens! *[tot zeens]*
long distance call een interlokaal gesprek (*het*) *[interlokahl CHesprek]*
long drink een longdrink (*de*)
loo: where's the loo? waar is de w.c.? *[vaysay]*; **I want to go to the loo** ik moet naar de w.c. *[moot nah duh]*
look: that looks good dat ziet er goed uit *[zeet er CHoot owt]*; **you look tired** je ziet er moe uit *[moo owt]*; **I'm just looking, thanks** nee, dank u, ik kijk alleen wat rond *[nay ... keyk allayn vat]*; **you don't look it** (*your age*) je ziet er niet naar uit *[yuh zeet er neet nahr owt]*; **look at him** kijk naar hem; **I'm looking for ...** ik ben op zoek naar ... *[op zook nahr]*; **look out!** kijk uit! *[keyk owt]*; **can I have a look?** kan ik even kijken? *[keykuh]*; **can I have a look around?** kan ik wat rondkijken? *[ront—]*
loose (*button, handle etc*) los *[loss]*
loose change kleingeld *[kleynCHelt]*
lorry een vrachtwagen (*de*) *[vraCHtvahCHuh]*
lorry driver de vrachtwagenchauffeur *[vraCHtvahCHuh—]*
lose verliezen *[verleezuh]*; **I've lost my ...** ik heb mijn ... verloren *[meyn ... verlohruh]*; **I'm lost** ik ben verdwaald *[verdvahlt]*
lost property office, lost and found het bureau voor gevonden voorwerpen *[bœroh vohr CHevonduh vohrvairpuh]*
lot: a lot, lots veel *[vayl]*; **not a lot** niet veel *[neet]*; **a lot of money** veel geld; **a lot of women** veel vrouwen; **a lot cooler** heel wat frisser *[hayl vat]*; **I like it a lot** ik vind het heel erg leuk *[hayl airCH lurk]*; **is it a lot further?** is het nog veel verder? *[noCH vayl]*; **I'll take the (whole) lot** ik neem ze allemaal *[naym zuh alluhmahl]*
lotion een lotion (*de*)
loud luid *[lowt]*; **the music is rather loud** de muziek is nogal hard *[noCHal hart]*
lounge (*in hotel, airport*) de lounge
lousy rot
love: I love you ik hou van je *[how van yuh]*; **he's fallen in love (with)** hij is verliefd geworden (op) *[verleeft CHevorduh (op)]*; **I love Holland** ik hou van Holland; **let's make love** wil je met

me vrijen? *[vill yuh met muh vr**ey**uh]*
lovely prachtig *[pr**a**CHtiCH]*
low laag *[lahCH]*
low beam het dimlicht *[d**i**mliCHt]*
LP een LP (*de*) *[elp**ay**]*
luck geluk *[CHel**ook**]*; **hard luck!** pech! *[peCH]*; **good luck!** veel succes! *[vayl sooks**ess**]*; **just my luck!** dat moet mij weer overkomen! *[moot mey vayr overk**oh**muh]*; **it was just pure luck** het was zuiver toeval *['t vass z**ow**ver t**oo**val]*
lucky: that's lucky! dat is boffen *[b**o**ffuh]*
lucky charm een mascotte (*de*) *[mask**o**ttuh]*
luggage de bagage *[baCH**ah**juh]*
lumbago het spit
lump een bult (*de*) *[boolt]*
lunch de lunch *[loonsh]*
lungs de longen *[l**o**nguh]*
Luxembourg Luxemburg *[l**oo**xemburCH]*
luxurious luxueus *[l**oo**x**oo**urs]*
luxury luxe *[l**oo**xuh]*

M

macho macho
mad gek *[CHek]*
madam mevrouw *[mevr**ow**]*
magazine een tijdschrift (*het*) *[t**ey**tsCHrift]*
magnificent prachtig *[pr**a**CHtiCH]*
maid (*in hotel*) het kamermeisje *[k**ah**mermeyshuh]*
maiden name de meisjesnaam *[m**ey**shusnahm]*
mail: is there any mail for me? is er post voor mij? *[iss er posst vohr mey]*
mailbox een brievenbus (*de*) *[br**ee**vuhbooss]*
main hoofd *[hohft]*; **where's the main post office?** waar is het hoofdpostkantoor? *[vahr iss 't h**oh**ftposstkantohr]*; **that's the main thing** dat is het belangrijkste *[dat iss 't bel**a**ngreykstuh]*
main road de hoofdweg *[h**oh**ftveCH]*
make maken *[m**ah**kuh]*; **do you make them yourself?** maakt u ze zelf? *[mahkt oo zuh zelf]*; **it's very well made** het is heel erg goed vervaardigd *['t iss hayl airCH CHoot verv**ah**rdiCHt]*; **what does that make altogether?** hoeveel is dat alles bij elkaar? *[h**oo**vayl iss dat **a**lluhs bey elk**ah**r]*; **I make it only 75 guilders** ik kom maar op 75 gulden *[mahr op]*
make-up de make-up
make-up remover de make-up remover
male chauvinist pig een seksist
man de man
manager (*big hotel, business*) de manager; (*restaurant*) de chef *[sheff]*
manageress (*big hotel, business*) de manageress; (*restaurant*) de chef *[sheff]*
manicure de manicure *[manik**oo**r]*
many veel *[vayl]*
map de kaart *[kahrt]*; **it's not on this map** het staat niet op deze kaart *['t staht neet op d**ay**ze kahrt]*
marble het marmer
March maart *[mahrt]*
marijuana marihuana *[marihoo-**a**na]*
marina de jachthaven *[y**a**CHthahvuh]*
mark: there's a mark on it er zit een vlek op *[er zit 'n vlek op]*; **could you mark it on the map for me?** kunt u het voor mij op de kaart aanduiden? *[koont oo it vohr mey op duh kahrt **ah**ndowduh]*
market de markt *[mart]*
marmalade de marmelade *[marmel**ah**duh]*
married: are you married? bent u getrouwd? *[bent oo CHetr**ow**t]*; **I'm married** ik ben getrouwd
mascara de mascara
mass: I'd like to go to mass ik wil graag naar de mis gaan *[vill CHrahCH nahr duh miss CHahn]*
mast de mast
masterpiece een meesterstuk (*het*) *[m**ay**sterstook]*

matches lucifers (*de*) *[loossifairs]*; **a box of matches** een doos lucifers *[dohss]*
material (*cloth*) de stof
matter: it doesn't matter het geeft niets *[it CHayft neets]*; **what's the matter?** wat is er? *[vat iss er]*
mattress de matras
maximum maximum
May mei *[mey]*
may: may I have another bottle? mag ik nog een fles hebben? *[maCH]*; **may I?** mag ik?
maybe misschien *[missCHeen]*; **maybe not** misschien niet *[neet]*
me: come with me kom met me mee *[muh may]*; **it's for me** het is voor mij *[it iss vohr mey]*; **it's me** ik ben het; **me too** ik ook *[ik ohk]*; *see page 110*
meal: that was an excellent meal dat was een uitstekende maaltijd *[owtstaykenduh mahlteyt]*
mean: what does this word mean? wat betekent dit woord? *[vat betaykuhnt dit vohrt]*; **what does he mean?** wat bedoelt hij? *[vat bedoolt hey]*
measles de mazelen *[mahzeluh]*
measurements de afmetingen *[afmaytinguh]*
meat het vlees *[vlayss]*
mechanic: do you have a mechanic here? is er hier een monteur? *[iss er heer 'n monturr]*
medicine een medicijn (*het*) *[maydeeseyn]*
medieval middeleeuws *[middelay-oos]*
medium gemiddeld *[CHemidduhlt]*
medium-sized middelgroot *[middelCHroht]*
meet: pleased to meet you aangenaam *[ahnCHenahm]*; **where shall we meet?** waar zullen we afspreken? *[vahr zooluh vuh afspraykuh]*; **let's meet up again** zullen we nog 'ns afspreken? *[zooluh vuh noCH 'ns afspraykuh]*
meeting (*business etc*) een vergadering (*de*) *[verCHahdering]*
meeting place de ontmoetingsplaats *[ontmootingsplahts]*
melon een meloen (*de*) *[meloon]*
member een lid (*het*) *[lit]*; **I'd like to become a member** ik wil graag lid worden *[ik vill CHrahCH lit vorduh]*
mend: can you mend this? kunt u dit maken? *[koont oo dit mahkuh]*
men's room het herentoilet *[hayruhtvalet]*
mention: don't mention it geen dank *[CHayn dank]*
menu het menu *[menoo]*
mess een puinhoop (*de*) *[pOWnhohp]*
message een boodschap (*de*) *[bohtsCHap]*; **are there any messages for me?** heeft iemand een boodschap voor me achtergelaten? *[hayft eemant 'n … vohr muh aCHterCHelahtuh]*; **I'd like to leave a message for …** ik wil graag een boodschap achterlaten voor … *[ik vill CHrahCH … aCHterlahtuh]*
metal het metaal *[metahl]*
metre, meter een meter (*de*) *[mayter]*; *see page 119*
midday: at midday tussen de middag *[toossuh de middaCH]*; (*at noon*) om twaalf uur 's middags *[om tvahlf oor smiddaCHs]*
middle: in the middle in het midden *[in 't midduh]*; **in the middle of the road** in het midden van de weg *[van duh veCH]*
Middle Ages de middeleeuwen *[middelay-oovuh]*
midnight: at midnight om 12 uur 's nachts *[tvahlf oor snaCHts]*
might: I might want to stay another 3 days ik wil misschien 3 dagen langer blijven *[ik vill misCHeen … bleyvuh]*; **you might have warned me!** je had me weleens mogen waarschuwen *[yuh hat muh vellayns mohCHuh vahrsCHoovuh]*
migraine een migraine (*de*) *[miCHraynuh]*
mild zacht *[zaCHt]*
mile een mijl (*de*) *[meyl]*; **that's miles away!** dat is 'n heel eind *[dat iss 'n hayl ent]*; *see page 119*
mileometer de kilometerteller *[keelomayterteller]*
military militair *[meeleetair]*
milk de melk
milkshake een milkshake (*de*)
millimetre, millimeter een millimeter (*de*) *[meeleemayter]*
minced meat het gehakt *[CHe-hakt]*
mind: I don't mind ik vind het niet erg *[vint 't neet airCH]*; **I don't mind which** het kan me niet schelen welke *[it kan muh neet sCHayluh vellkuh]*; **would you**

mind if I ...? hebt u er bezwaar tegen als ik ...? *[oo er bezvahr taychuh als ik]*; **never mind** het geeft niks *[it chayft niks]*; **I've changed my mind** ik ben van gedachte veranderd *[chedachtuh verandert]*
mine: it's mine het is van mij *[it iss van mey]*; *see page 112*
mineral water een mineraalwater (*het*) *[minerahl vahter]*
minimum minimum *[meeneemum]*
mint (*sweet*) een pepermunt (*de*) *[paypermoont]*
minus min; **minus 3 degrees** 3 graden onder nul *[chrahduh onder nool]*
minute een minuut (*de*) *[minoot]*; **in a minute** zo meteen *[zo metayn]*; **just a minute** een ogenblikje *['n ohchenblikyuh]*
mirror de spiegel *[speechel]*
Miss juffrouw *[yoofrow]*
miss: I miss you ik mis je *[miss yuh]*; **there is a ... missing** er ontbreekt een ... *[er ontbraykt 'n]*; **there is one child missing** er is een kind zoek *[er iss 'n kint zook]*; **we missed the bus** we hebben de bus gemist *[wuh hebbuh duh booss chemist]*
mist de mist
mistake de fout *[fowt]*; **I think there's a mistake here** ik geloof dat er hier een fout zit *[cheloh f dat er heer'n fowt zit]*
misunderstanding een misverstand (*het*) *[missverstant]*
mixture een mengsel (*het*) *[mengsel]*
mix-up: there's been some sort of mix-up with ... er is iets in de war gelopen met ... *[er iss eets in duh var chelohpuh met]*
modern modern *[modairn]*; **a modern art gallery** een museum van moderne kunst *['n moosayum van modairnuh koonst]*
moisturizer de moisturizer
moment een moment (*het*); **I won't be a moment** ik ben zo terug *[zo teroocн]*
monastery een mannenklooster (*het*) *[mannuhklohster]*
Monday maandag *[mahndach]*
money het geld *[chelt]*; **I don't have any money** ik heb helemaal geen geld *[hayluhmahl chayn]*; **do you take English/American money?** accepteert u Engels/Amerikaans geld? *[akseptayrt oo ... chelt]*
month een maand (*de*) *[mahnt]*
monument een monument (*het*) *[monooment]*; (*statue*) een standbeeld (*het*) *[stantbaylt]*
moon de maan *[mahn]*
moorings de ligplaats *[lichplahts]*
moped een bromfiets (*de*) *[bromfeets]*
more meer *[mayr]*; **may I have some more?** mag ik nog wat hebben? *[mach ik noch vat hebbuh]*; **more water, please** nog wat water alstublieft *[noch vat vahter alstoobleeft]*; **no more** niet meer *[neet]*; **more expensive** duurder *[doorder]*; **more than 50** meer dan 50 *[mayr dan]*; **a lot more** veel meer *[vayl]*; **not any more** niet meer; **I don't stay there any more** ik logeer daar niet meer *[lojayr dahr]*
morning de morgen *[morchuh]*; **good morning** goedemorgen *[chooduh-morchuh]*; **this morning** vanochtend *[vanochtent]*; **in the morning** 's morgens *[smorchens]*
Moroccan Marokkaans *[marokkahns]*
most: I like this one most deze bevalt me het beste *[dayzuh bevalt muh 't bestuh]*; **most of the time** meestal *[maystal]*; **most of the hotels** de meeste hotels *[duh maystuh]*
mother: my mother mijn moeder *[meyn mooder]*
motif een motief (*het*) *[moteef]*
motor de motor
motorbike een motorfiets (*de*) *[—feets]*
motorboat een motorboot (*de*) *[—boht]*
motorist de automobilist *[owtohmo-beelist]*
motorway de (auto)snelweg *[(owtoh)snellvech]*
motor yacht een motorjacht (*het*) *[—yacht]*
mountain de berg *[bairch]*
mouse een muis (*de*) *[mowss]*
moustache de snor
mouth de mond
move: he's moved to another hotel hij is naar een ander hotel verhuisd *[hey iss nahr 'n ander hotel verhowst]*; **could you move your car?** zou u uw auto kunnen verzetten? *[zow oo oow owtoh koonuh verzettuh]*
movie een film (*de*); **let's go to the movies**

laten we naar de bioscoop gaan *[lahtuh vuh nahr duh bee-oskohp CHahn]*
movie camera een filmcamera (*de*)
movie theater een bioscoop (*de*) *[bee-oskohp]*
moving: a very moving tune een erg ontroerende melodie *['n airCH ontrooruhnduh maylohdee]*
Mr mijnheer *[menayr]*
Mrs mevrouw *[mevrow]*
Ms no equivalent in Holland
much veel *[vayl]*; **much better** veel beter *[bayter]*; **much cooler** veel frisser; **not much** niet veel *[neet]*; **not so much** niet zo veel
muffler (*on car*) de knaldemper *[k-naldemper]*
mug: I've been mugged ik ben beroofd *[berohft]*
muggy benauwd *[benowt]*
mumps de bof
murals de muurschilderingen *[mœrsCHilderinguh]*
muscle de spier *[speer]*
museum het museum *[mœsayum]*
mushrooms de champignons *[shampinyons]*
music de muziek *[mœzeek]*; **do you have the sheet music for ...?** hebt u de partij voor ...? *[hebt œ duh partey vohr]*
musician een musicus (*de*) *[mœsikooss]*
mussels de mosselen *[mosseluh]*
must: I must ... ik moet ... *[moot]*; **I mustn't drink ...** ik moet geen ... drinken *[moot CHayn ... drinkuh]*; **you mustn't forget** je moet het niet vergeten *[yuh moot 't neet verCHaytuh]*
mustache de snor
mustard de mosterd
my mijn *[meyn]*; *see page 109*
myself: I'll do it myself ik doe het zelf *[doo 't zelf]*

N

nail (*finger*) de nagel *[nahCHel]*; (*wood*) de spijker *[speyker]*
nail clippers een nageltangetje (*het*) *[nahCHeltangetyuh]*
nailfile een nagelvijltje (*het*) *[nahCHelveyltyuh]*
nail polish de nagellak *[nahCHellahk]*
nail polish remover de nagellakremover *[nahCHellak—]*
nail scissors een nagelschaartje (*het*) *[nahCHelsCHahrtyuh]*
naked naakt *[nahkt]*
name de naam *[nahm]*; **what's your name?** wat is uw naam? *[vat iss oow nahm]*; **what's its name?** hoe wordt het genoemd? *[hoo vordt 't CHenoomd]*; **my name is ...** ik heet ... *[hayt]*
nap: he's having a nap hij doet een dutje *[hey doot 'n dootyuh]*
napkin het servet
nappy de luier *[low-yer]*
nappy-liners de inlegluiers *[inleCHlow-yers]*
narrow nauw *[now]*
nasty (*person, weather*) akelig *[ahkeliCH]*; (*taste*) vies *[veess]*; (*cut*) lelijk *[layluhk]*
national nationaal *[nashonahl]*
nationality de nationaliteit *[nashonaliteyt]*
natural natuurlijk *[natœrluhk]*
naturally natuurlijk *[natœrluhk]*
nature (*trees etc*) de natuur *[natœr]*
naturist een naturist *[natœrist]*
nausea de misselijkheid *[misseluhkheyt]*
near: is it near here? is het hier vlakbij? *[iss 't heer vlakbey]*; **near the window** bij het raam *[bey 't rahm]*; **do you go near ...?** komt u in de buurt van ...? *[komt œ in duh bœrt van]*; **where is the nearest ...?** waar is de dichtstbijzijnde ...? *[vahr iss duh diCHtsbeyzeynduh]*
nearby dichtbij *[diCHtbey]*
nearly bijna *[beynah]*
nearside: the nearside front wheel het rechter voorwiel *[reCHter vohrveel]*
neat (*drink*) puur *[pœr]*

necessary noodzakelijk *[nohtzahkeluhk]*; **is it necessary to ...?** is het noodzakelijk om ...? *[iss 't ... om]*; **it's not necessary** het is niet noodzakelijk *[it iss neet]*

neck de nek

necklace een halsketting (*de*)

necktie een stropdas (*de*)

need: I need a ... ik moet een ... hebben *[ik moot 'n ... hebbuh]*; **it needs more salt** er moet meer zout bij *[er moot mayr zowt bey]*; **do I need to ...?** moet ik ...?; **there's no need** het is niet nodig *[it iss neet nohdicH]*; **there's no need to shout!** je hoeft niet te schreeuwen! *[yuh hooft neet tuh scHrayoovuh]*

needle een naald (*de*) *[nahld]*

negative (*film*) het negatiefje *[naycHateefyuh]*

negotiation de onderhandeling

neighbo(u)r (*man*) de buurman *[bœrman]*; (*woman*) de buurvrouw *[bœrvrow]*

neighbo(u)rhood de buurt *[bœrt]*

neither: neither of us geen van beiden *[cHayn van beyduh]*; **neither one (of them)** geen van beide; **neither ... nor ...** noch ... noch ... *[nocH]*; **neither do I** ik ook niet *[ohk neet]*

nephew: my nephew mijn neef *[meyn nayf]*

nervous zenuwachtig *[zaynoovacHticH]*

net (*fishing, tennis*) het net; **£100 net** £100 netto

nettle de brandnetel *[brantnaytel]*

neurotic neurotisch *[nurrohteess]*

neutral (*gear*) de vrijloop *[vreylohp]*

never nooit *[noyt]*

new nieuw *['new']*

news (*TV*) het journaal *[joornahl]*; **is there any news?** is er nog nieuws? *[iss er nocH 'new'ss]*

newspaper de krant; **do you have any English newspapers?** verkoopt u ook Engelse kranten? *[verkohpt œ ohk engelsuh krantuh]*

newsstand de krantenkiosk *[krantuhkiosk]*

New Year Nieuwjaar *['new'-yahr]*; **Happy New Year** Gelukkig Nieuwjaar *[cHelookkicH]*

New Year's Eve Oudejaarsavond *[owduhyahrsahvont]*

New Zealand Nieuw-Zeeland *['new'-zaylant]*

New Zealander (*man*) een Nieuw-Zeelander (*de*) *['new'-zaylander]*; (*woman*) een Nieuw-Zeelandse (*de*)

next volgend *[volcHent]*; **next to the post office** naast het postkantoor *[nahst 't posstkantohr]*; **the one next to that** die daarnaast *[dee dahrnahst]*; **it's at the next corner** het is op de volgende hoek *[it iss op duh volcHuhnduh hook]*; **next week/next Monday** volgende week/aanstaande maandag *[volcHuhnduh .../ahnstahnduh ...]*

nextdoor hiernaast *[heernahst]*

next of kin naaste familie *[nahstuh fameelee]*

nice (*person*) aardig *[ahrdicH]*; (*meal*) lekker *[lekker]*; (*town*) leuk *[lurk]*; **that's very nice of you** dat is erg aardig van je *[dat iss aircH ... van yuh]*; **a nice cold drink** een lekker fris drankje *['n ... friss drankyuh]*

nickname de bijnaam *[beynahm]*

niece: my niece mijn nicht *[meyn nicHt]*

night de nacht *[nacHt]*; **for one night** voor een nacht *[vohr ayn]*; **for three nights** voor drie nachten; **good night** goedenavond *[cHooduhnahvont]*; (*late*) goedenacht *[cHooduhnacHt]*; **at night** 's nachts *[snacHts]*

nightcap (*drink*) een slaapmutsje *[slahpmootsyuh]*

nightclub de nachtclub *[nacHtkloob]*

nightdress een nachtjapon (*de*) *[nacHtyapon]*

night flight een avondvlucht (*de*) *[ahvontfloocHt]*

nightie een nachtjapon (*de*) *[nacHtyapon]*

night-life het nachtleven *[nacHtlayvuh]*

nightmare een nachtmerrie (*de*) *[nacHtmerree]*

night porter de nachtportier *[nacHtporteer]*

nit (*bug*) een neet (*de*) *[nayt]*

no nee *[nay]*; **I've no money** ik heb geen geld *[cHayn cHelt]*; **there's no more** er is niets meer *[er iss neets mayr]*; **no more than ...** niet meer dan ...; **oh no!** (*upset*) oh nee toch! *[tocH]*

nobody niemand *[neemahnt]*

noise het lawaai *[lavahi]*

noisy luidruchtig *[lowdroocHticH]*; **it's too noisy** het is te luidruchtig *[it iss tuh]*

non-alcoholic niet-alcoholisch *[neet alkohohleess]*
none niets *[neets]*; (*no-one*) niemand *[neemant]*; **none of them** niemand van hen; **there are none left** er is er geen een over *[er iss er cHayn ayn over]*; **there is none left** het is op *[it]*
nonsense de onzin
non-smoking niet-rokers *[neet rohkers]*
non-stop (*drive etc*) non-stop
no-one niemand *[neemant]*
nor: nor do I ik ook niet *[ohk neet]*
normal normaal *[normahl]*
north het noorden *[nohrduh]*; **to the north** naar het noorden *[nahr it]*
northeast het noordoosten *[nohrtohstuh]*; **to the northeast** naar het noordoosten *[nahr]*
Northern Ireland Noord-Ierland *[nohrt eerlant]*
northwest het noordwesten *[nohrtvestuh]*; **to the northwest** naar het noordwesten *[nahr]*
nose de neus *[nurss]*
nosebleed een neusbloeding (*de*) *[nursblooding]*
not niet *[neet]*; **I don't smoke** ik rook niet *[rohk]*; **he didn't say anything** hij zei niets *[hey zey neets]*; **it's not important** het is niet belangrijk *[it iss]*; **not that one** niet die *[dee]*; **not for me** niet voor mij *[vohr mey]*; *see page 117*
note (*bank note*) het bankbiljet *[bankbilyet]*
notebook een zakboek (*het*) *[zakbook]*
nothing niets *[neets]*
November november
now nu *[nœ]*; **not now** niet nu *[neet]*
nowhere nergens *[naircHuhns]*
nudist de nudist *[nœdist]*
nudist beach het nudistenstrand *[nœdistuhstrant]*
nuisance: he's being a nuisance hij valt me lastig *[hey valt muh lasticH]*
numb verdoofd *[verdohft]*
number het nummer *[it noomer]*; **what number?** welk nummer? *[velk]*
number plate de nummerplaat *[noomerplaht]*
nurse de verpleegster *[verplaycHster]*
nursery (*at airport etc*) de creche *[kresh]*; (*for plants*) de kwekerij *[kvaykerey]*
nut een noot (*de*) *[noht]*; (*for bolt*) een moer (*de*) *[moor]*
nutter: he's a nutter hij is een idioot *[hey iss 'n eedeeoht]*

O

oar de roeispaan *[rooy-spahn]*
obligatory verplicht *[verplicHt]*
oblige: much obliged hartelijk dank *[harteluhk]*
obnoxious (*person*) onaangenaam *[onahncHuhnahm]*
obvious: that's obvious dat is duidelijk *[dat iss dowdeluhk]*
occasionally af en toe *[af en too]*
o'clock *see page 118*
October oktober
odd (*number*) oneven *[onayvuh]*; (*strange*) vreemd *[vraymt]*
odometer de kilometerteller *[keelomayterteller]*
of van; **the name of the hotel** de naam van het hotel; **have one of mine** neem er een van mij *[naym er ayn van mey]*
off: it just broke off het is zo maar afgebroken *[it iss zo mahr afcHebrohkuh]*; **20% off** 20% korting; **the lights were off** de lichten waren uit *[duh licHtuh vahruh owt]*; **just off the main road** vlak bij de hoofdweg *[bey duh hohftvecH]*
offend: don't be offended wees niet beledigd *[vayss neet belaydicHt]*
office het kantoor *[kantohr]*
officer (*said to policeman*) agent *[acHent]*
official de functionaris *[foonkshonahriss]*; **is that official?** is dat officieel? *[iss dat offishayl]*

off-season het laagseizoen *[lahCH-seyzoon]*
off-side: the off-side front wheel het linker voorwiel *[vohrveel]*
often vaak *[vahk]*; **not often** niet vaak *[neet]*
oil (*for car*) de olie *[ohlee]*; (*on salad*) de slaolie *[slah-ohlee]*; **it's losing oil** het lekt olie *[it lekt]*; **will you change the oil?** wilt u de olie verversen? *[vilt œ duh ... vervairsuh]*; **the oil light's flashing** het licht voor het oliepeil flitst *[it liCHt vohr 't ohleepeyl]*
oil painting een olieverfschilderij (*het*) *[ohleevairfsCHilderey]*
oil pressure de oliedruk *[ohleedruk]*
ointment de zalf
OK oké *[okay]*; **are you OK?** bent u in orde? *[bent œ in orduh]*; **that's OK thanks** dat is goed, dank u *[dat iss CHoot dank œ]*; **that's OK by me** ik vind het best
old oud *[owt]*; **how old are you?** hoe oud bent u? *[hoo owt bent œ]*
old-age pensioner een A.O.W.er (*de*) *[ah-oh-vayer]*
old-fashioned ouderwets *[owdervets]*
old town (*old part of town*) het oude stadsgedeelte *[it owduh statsCHedayl-tuh]*
olive een olijf (*de*) *[oleyf]*
olive oil de olijfolie *[oleyfohlee]*
omelet(te) een omelet (*de*)
on op; **on the beach** op het strand *[op 't strant]*; **on Friday** op vrijdag; **on television** op de televisie; **I don't have it on me** ik heb het niet bij me *[heb 't neet bey muh]*; **this drink's on me** ik betaal deze ronde *[betahl dayzuh ronduh]*; **a book on Arnhem** een boek over Arnhem *[in book over]*; **the warning light comes on** het waarschuwingslicht gaat aan *[it vahrsCHoovingsliCHt CHaht ahn]*; **the light was on** het licht was aan *[it liCHt vass ahn]*; **what's on in town?** wat is er in de stad te doen? *[vat iss er in duh stat tuh doon]*; **it's just not on!** (*not acceptable*) dat kan gewoon niet *[CHevohn neet]*
once (*one time*) een keer *[ayn kayr]*; **at once** meteen *[metayn]*
one een *[ayn]*; **that one** die daar *[dee dahr]*; **the green one** de groene *[duh CHroonuh]*; **the one with the black dress on** degene in de zwarte jurk *[deCHaynuh]*; **the one in the blue shirt** degene met het blauwe overhemd
onion een ui (*de*) *[ow]*
only: only one maar een *[mahr ayn]*; **only once** maar een keer *[kayr]*; **it's only 9 o'clock** het is pas 9 uur *[it iss pass ... œr]*; **I've only just arrived** ik ben net pas aangekomen *[ahnCHekohmuh]*
open (*adj*) geopend *[CHeopent]*; **when do you open?** wanneer gaat u open? *[vanayr CHaht œ]*; **in the open** (*open air*) buiten *[bowtuh]*; **it won't open** het gaat niet open *[it CHaht neet]*
opening times (*of bank etc*) de openingstijden *[—teyduh]*
open top (*car*) het open dak
opera de opera
operation (*med*) de operatie *[operahsee]*
operator (*tel*) de telefoniste *[taylefohn-istuh]*
opportunity de kans
opposite: opposite the church tegenover de kerk *[tayCHenover]*; **it's directly opposite** het is er recht tegenover *[it iss reCHt]*
oppressive (*heat*) drukkend *[drookent]*
optician een opticien (*de*) *[optishan]*
optimistic optimistisch *[opteemisteess]*
optional facultatief *[fakooltateef]*
or of *[off]*
orange (*fruit*) een sinaasappel (*de*) *[seenahsappel]*; (*colour*) oranje *[oranyuh]*
orange juice (*fresh*) een sinaasappelsap (*het*) *[seenahsappelsap]*; (*fizzy*) een sinas (*de*); (*diluted*) een sinaasappellimonade (*de*) *[—leemonahduh]*
orchestra het orkest
order: could we order now? zouden we nu kunnen bestellen? *[zowduh vuh nœ koonuh bestelluh]*; **I've already ordered** ik heb al besteld *[bestellt]*; **I didn't order that** ik heb dat niet besteld *[neet]*; **it's out of order** (*elevator etc*) het is defect *[it iss dayfekt]*
ordinary gewoon *[CHevohn]*
organization de organisatie *[orCHani-sahssee]*
organize organiseren *[orCHanisayruh]*; **could you organize it?** zou u het kunnen organiseren? *[zow œ it koonuh]*
original origineel *[oreejeenayl]*; **is it an**

original? (*painting etc*) is het authentiek? *[iss 't owthenteek]*
ornament een ornament (*het*)
ostentatious opzichtig *[opzicHticH]*
other: the other waiter de andere ober *[duh anderuh]*; **the other one** de andere; **do you have any others?** hebt u ook andere? *[hebt ꝏ ohk]*; **some other time, thanks** een andere keer, dankuwel *[in … kayr dankoovell]*
otherwise anders
ouch! au! *[ow]*
ought: he ought to be here soon hij zou hier eigenlijk zo moeten zijn *[hey zow heer eycHeluhk zo mootuh zeyn]*
ounce *see page 120*
our: our car onze auto *[onzuh owtoh]*; **our house** ons huis *[ons howss]*; *see page 109*
ours van ons; *see page 112*
out: he's out (*of building etc*) hij is er niet *[hey iss er neet]*; **get out!** maak dat je weg komt! *[mahk dat yuh vecH komt]*; **I'm out of money** ik heb geen geld meer *[cHayn cHelt mayr]*; **a few kilometres out of town** een paar kilometers buiten de stad *[in pahr keelomayters bowtuh duh stat]*
outboard (motor) een buitenboordmotor (*de*) *[bowtuhbohrtmotor]*
outdoors buiten *[bowtuh]*
outlet (*elec*) een stopcontact (*het*)
outside: can we sit outside? kunnen we buiten zitten? *[koonuh wuh bowtuh zittuh]*
outskirts: on the outskirts of … in de buitenwijken van … *[in duh bowtuh-veykuh van]*
oven de oven *[ohvuh]*
over: over here hier *[heer]*; **over there** daar *[dahr]*; **over 100** meer dan 100 *[mayr dan]*; **over 16** (*age*) boven de 16 *[bohvuh duh]*; **I'm burnt all over** ik ben helemaal verbrand *[hayluhmahl verbrant]*; **the holiday's over** de vakantie is voorbij *[duh vakansee iss vohrbey]*
overcharge: you've overcharged me u hebt teveel in rekening gebracht *[ꝏ hebt tevayl in raykening cHebracHt]*
overcoat een overjas (*de*) *[overyass]*
overcooked te gaar *[tuh cHahr]*
overdrive de oververснelling
overexposed (*photograph*) overbelicht *[overbelicHt]*
overheat: it's overheating (*car*) het raakt oververhit *[it rahkt oververhit]*
overland over land
overlook: overlooking the sea met uitzicht op zee *[met owtzicHt op zay]*
overnight (*travel*) 's nachts *[snacHts]*
oversleep: I overslept ik heb me verslapen *[muh verslahpuh]*
overtake inhalen *[inhahluh]*
overweight (*person*) te zwaar *[tuh zvahr]*
owe: how much do I owe you? hoeveel krijgt u van me? *[hoovayl kreycHt ꝏ van muh]*
own: my own … mijn eigen … *[meyn eycHuh]*; **are you on your own?** bent u alleen? *[bent ꝏ allayn]*; **I'm on my own** ik ben alleen
owner de eigenaar *[eycHenahr]*
oyster een oester (*de*) *[ooster]*

P

pack: a pack of cigarettes een pakje sigaretten *[in pakyuh sicHarettuh]*; **I'll go and pack** ik ga pakken *[cHah pakkuh]*
package een pakje *[pakyuh]*
package holiday een volledig verzorgde vakantie *[vollaydicH verzorcHduh vakansee]*
package tour een volledig verzorgde reis *[vollaydicH verzorcHduh reyss]*
packed lunch een lunchpakket *[loonshpakket]*
packed out: the place was packed out het was er stampvol *[it vass er stampvoll]*
packet (*parcel*) een pakket (*het*); **a packet**

of cigarettes een pakje sigaretten *[in pakyuh sicHarettuh]*

paddle (*oar*) de peddel

padlock het hangslot

page (*of book*) de bladzijde *[blatzeyduh]*; **could you page him?** kunt u hem omroepen? *[koont œ hem omroopuh]*

pain de pijn *[peyn]*; **I have a pain here** het doet hier pijn *[it doot heer peyn]*

painful pijnlijk *[peynluhk]*

painkillers de pijnstillende middelen *[peynstillenduh middeluh]*

paint de verf *[vairf]*; **I'm going to do some painting** (*pictures*) ik ga schilderen *[cHah scHilderuh]*

paintbrush (*for wall*) een kwast (*de*) *[kvast]*; (*artist's*) een penseel (*het*) *[pensayl]*

painting het schilderij *[scHilderey]*

pair: a pair of ... een paar ... *[in pahr]*

pajamas de pyjama *[peeyahmah]*

Pakistan Pakistan

Pakistani (*adj*) Pakistaans *[—ahns]*; (*man*) een Pakistaan (*de*); (*woman*) een Pakistaanse (*de*)

pal een kameraad (*de*) *[kameraht]*

palace het paleis *[paleyss]*

pale bleek *[blayk]*; **pale blue** lichtblauw *[licHtblow]*

palpitations de hartkloppingen *[hart-kloppinguh]*

panatella een panatella (*de*)

pancake een pannekoek (*de*) *[pannuhkook]*

panic: don't panic blijf rustig *[bleyf roosticH]*

panties een damesslipje (*het*) *[dahmuhs-slipyuh]*

pants (*trousers*) een broek (*de*) *[brook]*; (*underpants*) een onderbroek (*de*) *[onderbrook]*

panty girdle een pantybroekje (*het*) *[—brookyuh]*

pantyhose een panty (*de*)

panty liners de inlegkruisjes *[inlecH-krowshus]*

paper het papier *[papeer]*; (*newspaper*) de krant; **a piece of paper** een stuk papier *[in stook]*

paper handkerchiefs papieren zakdoekjes *[papeeruh zakdookyuhs]*

paraffin de petroleum *[petrohlee-um]*

parallel: parallel to ... evenwijdig aan ... *[ayvuhnveydicH ahn]*

paralytic (*drunk*) stomdronken *[stomdronkuh]*

parasol (*over table*) de parasol

parcel het pakket

pardon (me)? (*didn't understand*) pardon, wat zei u? *[vatt zey œ]*

parents: my parents mijn ouders *[meyn owders]*

parents-in-law de schoonouders *[scHohnowders]*

park parkeren *[parkayruh]*; **where can I park?** waar kan ik parkeren? *[vahr]*; **there's nowhere to park** er is nergens een parkeerplaats *[er iss nairCHens 'n parkayrplahts]*

parka de parka

parking lights de parkeerlichten *[par-kayrlicHtuh]*

parking lot een parkeerterrein (*het*) *[parkayrterreyn]*

parking place: there's a parking place! daar is een parkeerplaats! *[dahr iss 'n parkayrplahts]*

parking ticket een parkeerbon (*de*) *[parkayrbon]*

part (*in play*) de rol; **a part of Limburg** een deel van Limburg *[in dayl van]*

part exchange de inruil *[inrowl]*

partner: my partner mijn partner *[meyn]*; (*business*) mijn compagnon *[kompanyon]*

party (*group*) het gezelschap *[cHezellscHap]*; (*celebration*) het feest *[fayst]*; **let's have a party** laten we een feestje geven *[lahtuh vuh 'n faystyuh cHayvuh]*

pass (*overtake*) inhalen *[inhahluh]*; **he passed out** hij is bewusteloos geraakt *[hey iss bevoostuhlohss cHerahkt]*; **he made a pass at me** hij probeerde me te versieren *[hey probayrduh muh tuh verseeruh]*

passable (*road*) begaanbaar *[becHahnbahr]*

passenger een passagier (*de*) *[passajeer]*

passport het paspoort *[paspohrt]*

past: in the past in het verleden *[in 't verlayduh]*; **just past the bank** net voorbij de bank *[net vohrbey duh bank]*; *see page 118*

pastry het korstdeeg *[korstdaycH]*; (*cake*) een taart (*de*) *[tahrt]*; (*small cake*) een

gebakje (*het*) *[CHebakyuh]*
patch: could you put a patch on this? kunt u hier een lapje op zetten? *[koont œ heer 'n lapyuh op zettuh]*
pâté pâté
path het pad *[pat]*
patient: be patient wees geduldig *[vayss CHedooldiCH]*
patio de patio
pattern (*on cloth etc*) het patroon *[patrohn]*; **a dress pattern** een patroon voor een jurk *[in ... vohr 'n yurk]*
paunch de buik *[bowk]*
pavement (*sidewalk*) het trottoir, *[trottvar]*, de stoep *[stoop]*
pay betalen *[betahluh]*; **can I pay, please?** kan ik afrekenen alstublieft? *[afraykenuh alstœbleeft]*; **it's already paid for** het is al betaald *[it iss al betahlt]*; **I'll pay for this** dit is op mijn rekening *[dit iss op meyn raykening]*
pay phone een telefooncel (*de*) *[taylefohnsell]*
peace and quiet: I want some peace and quiet ik wil rust hebben *[vill roost hebbuh]*
peach een perzik (*de*)
peanuts de pinda's
pear een peer (*de*) *[payr]*
pearl een parel (*de*) *[pahrel]*
peas de doperwten *[dop-airtuh]*
peculiar (*taste, custom etc*) merkwaardig *[mairkvahrdiCH]*
pedal het pedaal *[pedahl]*
pedalo een waterfiets (*de*) *[vahterfeets]*
pedestrian een voetganger (*de*) *[vootCHanger]*
pedestrian crossing een voetgangers-oversteekplaats (*de*) *[vootCHangers-overstaykplahtss]*
pedestrian precinct het voetgangersgebied *[vootCHangers-CHebeet]*
pee: I need to go for a pee ik moet plassen *[moot plassuh]*
peeping Tom een gluurder (*de*) *[CHlœrder]*
peg (*for washing*) een wasknijper (*de*) *[vas-k-neyper]*; (*for tent*) een tentharing (*de*) *[tent-hahring]*
pen een pen (*de*); **do you have a pen?** hebt u een pen? *[hebt œ 'n]*
pencil een potlood (*het*) *[potloht]*
penfriend (*boy*) een penvriend (*de*) *[penvreent]*; (*girl*) een penvriendin *[penvreendin]*; **shall we be penfriends?** zullen we elkaar schrijven? *[zooluh vuh elkahr sCHreyvuh]*
penicillin de penicilline *[penisilleenuh]*
penknife een zakmes (*het*) *[zakmess]*
pen pal een penvriend (*de*) *[penvreent]*
pensioner een gepensioneerde (*de*) *[CHepenshonayrduh]*
people mensen *[mensuh]*; **a lot of people** veel mensen *[vayl]*; **Dutch people** de Nederlanders *[nayderlanders]*
pepper (*spice*) de peper *[payper]*; **green pepper** een groene paprika (*de*) *[CHroonuh pahprikah]*; **red pepper** een rode paprika (*de*) *[rohduh]*
peppermint (*sweet*) een pepermunt (*de*) *[paypermoont]*
per: per night per nacht *[per naCHt]*; **how much per hour?** hoeveel per uur? *[hoovayl per œr]*
percent procent
perfect perfect
perfume een parfum (*de*) *[parfam]*
perhaps misschien *[missCHeen]*
period (*of time*) een periode (*de*) *[peree-ohduh]*; (*woman's*) de menstruatie *[menstroo-ahssee]*; **I have my period** ik ben ongesteld *[onCHestelt]*
perm een permanent (*de*)
permit: residence permit de verblijfsvergunning *[verbleyfsverCHoon-ning]*
person een persoon (*de*) *[persohn]*
pessimistic pessimistisch *[pesseemis-teess]*
petrol de benzine *[benzeenuh]*
petrol can een benzineblik (*het*) *[benzeenuh—]*
petrol station een benzinestation (*het*) *[benzeenuhstashon]*
petrol tank de benzinetank *[benzeenuhtank]*
pharmacy de apotheek *[apotayk]*
phone *see* **telephone**
photogenic fotogeniek *[fotojeneek]*
photograph een foto (*de*); **would you take a photograph of us?** wilt u een foto van ons maken? *[vilt œ 'n foto van ons mahkuh]*
photographer een fotograaf (*de*) *[fotoCHrahf]*

phrase: a useful phrase een nuttige uitdrukking *[in nooticHuh owtdrooking]*
phrasebook een taalgids (*de*) *[tahlcHits]*
pianist de pianist
piano de piano
pickpocket een zakkenroller (*de*) *[zakkuhroller]*
pick up: when can I pick them up? wanneer kan ik ze afhalen? *[vanayr ... zuh afhahluh]*; **will you come and pick me up?** kun je me af komen halen? *[koon yey muh af kohmuh hahluh]*
picnic een picknick (*de*) *[piknik]*
picture (*drawing*) een tekening (*de*) *[taykuhning]*; (*painting*) een schilderij (*het*) *[scHilderey]*; (*photograph*) een foto (*de*)
pie (*meat*) een pastei (*de*) *[pastey]*; (*fruit*) een vlaai (*de*) *[vlahi]*
piece een stuk (*het*); **a piece of ...** een stuk ... *[in stook]*
pig een varken (*het*) *[varkuh]*
pigeon een duif (*de*) *[dowf]*
piles (*med*) de aambeien *[ahmbeyuh]*
pile-up een kettingbotsing (*de*)
pill de pil; **I'm on the pill** ik gebruik de pil *[cHebrowk duh pil]*
pillarbox een brievenbus (*de*) *[breevuhbœss]*
pillow een kussen (*het*) *[koossuh]*
pillow case een kussensloop (*de*) *[koossuhslohp]*
pin een speld (*de*)
pineapple een ananas (*de*)
pineapple juice een ananassap (*het*)
pink roze *[rozuh]*
pint *see page 121*
pipe de leiding *[leyding]*; (*to smoke*) de pijp *[peyp]*
pipe cleaners pijperagers *[peypuh-rahcHers]*
pipe tobacco de pijptabak *[peyptabak]*
pity: it's a pity het is jammer *[it iss yammer]*
pizza een pizza (*de*)
place de plaats *[plahts]*; **is this place taken?** is deze plaats bezet? *[iss dayzuh ... bezet]*; **would you keep my place for me?** wil je mijn plaats voor mij bezet houden? *[vill yuh meyn ... vohr muh bezet howduh]*; **let's meet at my place** laten we bij mij afspreken *[lahtuh vuh bey mey afspraykuh]*
place mat een place-mat (*de*)
plain (*food*) eenvoudig *[aynvowdicH]*; (*not patterned*) effen *[effuh]*
plane het vliegtuig *[vleecHtowcH]*
plant de plant
plaster cast een gipsverband (*het*) *[cHipsverbant]*
plastic plastic
plastic bag (*carrier*) een plastic tas (*de*) *[tass]*
plate een bord (*het*)
platform het perron *[pairron]*; **which platform, please?** welk perron alstublieft? *[velk ... alstœbleeft]*
play spelen *[spayluh]*; (*in theatre*) een toneelstuk (*het*) *[tonaylstuk]*
playboy een playboy (*de*)
playground de speelplaats *[spaylplahtss]*
pleasant aangenaam *[ahncHenahm]*
please alstublieft *[alstœbleeft]*; **yes please** ja graag *[yah cHrahcH]*
plenty: plenty of ... vollop ...; **that's plenty, thanks** dat is meer dan genoeg, dank u *[dat iss mayr dan cHenoocH dank œ]*
pleurisy de pleuritis *[plureetiss]*
pliers een buigtang (*de*) *[bowcHtang]*
plonk de wijn *[veyn]*
plug (*elec*) een stekker (*de*); (*car*) een bougie (*de*) *[boojee]*; (*bathroom*) de stop
plughole het afvoergat *[afvoorcHat]*
plum een pruim (*de*) *[prowm]*
plumber een loodgieter (*de*) *[lohtcHeeter]*
plus plus
p.m.: 3 p.m. drie uur 's middags *[œr smiddacHs]*; **9 p.m.** negen uur 's avonds *[sahvonts]*
pneumonia een longontsteking (*de*) *[longontstayking]*
poached egg een gepocheerd ei (*het*) *[cHeposhayrt ey]*
pocket de zak; **in my pocket** in mijn zak *[meyn]*
pocketbook (*handbag*) een handtas (*de*)
pocketknife een zakmes (*het*) *[zakmess]*
podiatrist een chiropodist *[cHeeropohdist]*
point: could you point to it? kunt u het aanwijzen? *[koont œ 't ahnveyzuh]*; **four point six** vier komma zes *[veer komma zess]*; **there's no point** het heeft geen zin *[it hayft cHayn zin]*
points (*car*) de contactpunten

[kontaktpoontuh]
poisonous vergiftig *[vercHiftícн]*
police de politie *[poleessee]*; **call the police!** roep de politie! *[roop duh]*
policeman een politieagent (*de*) *[poleessee-acнent]*
police station het politiebureau *[poleessee-bœroh]*
polish (*shoe*) de schoensmeer *[scнoonsmayr]*; **will you polish my shoes?** wilt u mijn schoenen poetsen? *[vilt œ meyn scнoonuh pootsuh]*
polite beleefd *[belayft]*
politician een politicus (*de*) *[poleeteekooss]*
politics de politiek *[politeek]*
polluted verontreinigd *[verontreynicнт]*
pond een vijver (*de*) *[veyver]*
pony een pony (*de*) *[ponnee]*
pool (*swimming*) een zwembad (*het*) *[zvembat]*; (*game*) amerikaans biljartspel *[amayreekahns bilyartspell]*
pool table de biljarttafel *[bilyarttahfel]*
poor (*not rich*) arm; (*quality etc*) slecht *[slecнт]*; **poor old Irma!** die arme Irma toch! *[dee armuh Irma tocн]*
pope de paus *[powss]*
pop music popmuziek *[popmœzeek]*
popsicle (*tm*) een lollie (*de*)
pop singer een popzanger (*de*)
popular populair *[popœlair]*
population de bevolking
pork varkensvlees *[varkuhnsvlayss]*
port (*for boats*) de haven *[hahvuh]*; **a glass of port** een glaasje port *['n cнlah-shuh]*
porter (*hotel*) de portier *[porteer]*; (*for luggage*) een kruier (*de*) *[krow-yer]*
portrait een portret (*het*)
Portugal Portugal *[portœcнal]*
poser (*phoney person*) een aansteller (*de*) *[ahnsteller]*
posh chic, sjiek *[sheek]*
possibility de mogelijkheid *[mohcнe-luhk-heyt]*
possible mogelijk *[mohcнeluhk]*; **is it possible to ...?** is het mogelijk om te ...? *[iss 't ... om tuh]*; **as ... as possible** zo ... mogelijk
post (*mail*) de post *[posst]*; **could you post this for me?** zou u dit voor mij kunnen posten? *[zow œ dit vohr mey koonuh posstuh]*
postbox een brievenbus (*de*) *[breevuhbooss]*
postcard een briefkaart (*de*) *[breefkahrt]*
poster een poster (*de*)
poste restante poste-restante *[posst-restant]*
post office het postkantoor *[posstkan-tohr]*
pot de pot; **a pot of tea** een pot thee *[in pot tay]*; **pots and pans** keukengerei *[kurkuhcнerey]*
potato een aardappel (*de*) *[ahrdappel]*
potato chips chips *[sheeps]*
potato salad de aardappelsalade *[ahrdappelsalahduh]*
pottery het aardewerk *[ahrduhverk]*
pound (*money, weight*) een pond (*het*) *[pont]*; *see page 120*
pour: it's pouring down het giet *[it cнeet]*
powder (*for face*) de poeder *[pooder]*
powdered milk de melkpoeder *[melkpooder]*
power cut een elektriciteitstoring (*de*) *[aylektrisiteytstohring]*
power point een stopcontact (*het*)
power station (*nuclear*) een kernenergiecentrale (*de*) *[kairn-aynercнeesentrahluh]*; (*ordinary*) een elektriciteitscentrale *[aylektrisiteyt-sentrahluh]*
practise, practice: I need to practise ik moet oefenen *[moot oofuhnuh]*
pram de kinderwagen *[kindervahcнuh]*
prawn cocktail een garnalencocktail (*de*) *[cнarnahluh—]*
prawns de garnalen *[cнarnahluh]*
prefer: I prefer white wine ik heb liever witte wijn *[leever]*
preferably: preferably not tomorrow morgen liever niet *[leever neet]*
pregnant zwanger *[zvanger]*
prescription het recept *[resept]*
present: at present momenteel *[momentayl]*; **here's a present for you** hier is een cadeautje voor je *[heer iss 'n kadohtyuh vohr yuh]*
president (*of country*) de president *[prayseedent]*; (*of company*) de voorzitter *[vohrzitter]*
press: could you press these? kunt u dit voor mij persen? *[koont œ dit vohr mey pairsuh]*
pretty mooi *[moy]*; **it's pretty expensive**

het is vrij duur *[it iss vrey dœr]*
price de prijs *[preyss]*
priest de priester *[preester]*
prime minister de minister-president *[meenister-prayzeedent]*
print (*picture*) een prent (*de*)
printed matter drukwerk *[drookvairk]*
priority (*in driving*) voorrang *[vohrrang]*
prison de gevangenis *[CHevang-uhniss]*
private particulier *[partikœleer]*; **private bath** eigen bad *[eyCHuh bat]*
prize de prijs *[preyss]*
probably waarschijnlijk *[vahrsCHeyn-luhk]*
problem een probleem (*het*) *[prohblaym]*; **I have a problem** ik heb een probleem *[ik heb 'n]*; **no problem** geen probleem *[CHayn]*
product een produkt (*het*) *[prohdookt]*
program(me) het programma *[proCHrammah]*
promise: I promise ik beloof het *[belohf 't]*; **is that a promise?** beloof je dat? *[yuh]*
pronounce: how do you pronounce this word? hoe spreek je dit woord uit? *[hoo sprayk yuh dit vohrt owt]*
properly: it's not repaired properly het is niet goed gemaakt *[it iss neet CHoot CHemahkt]*
prostitute een prostituee (*de*) *[prostitoo-ay]*
protect beschermen *[besCHairmuh]*
protection factor de beschermingsfactor *[besCHairmingsfaktohr]*
protein remover (*for contact lenses*) proteïne verwijderer *[prohtay-eenuh verveyderer]*
Protestant protestant *[prohtestant]*
proud trots
prunes gedroogde pruimen *[CHedrohCHduh prowmuh]*
public openbaar *[—bahr]*
public convenience openbare toiletten *[—bahruh tvalettuh]*
public holiday een feestdag (*de*) *[fayst-daCH]*
pudding (*dessert*) een pudding (*de*)
pull trekken *[trekkuh]*; **he pulled out without indicating** hij reed de weg op zonder signaal te geven *[hey rayt duh veCH op zonder seenyahl tuh CHayvuh]*
pullover een pullover (*de*) *[poolover]*
pump een pomp (*de*)
punctual stipt
puncture een lekke band (*de*) *[lekkuh bant]*
pure (*gold, silk etc*) echt *[eCHt]*
purple violet *[vee-ohlet]*
purse een portemonnee (*de*) *[portuhmonnay]*; (*handbag*) een handtas (*de*)
push duwen *[dœven]*; **don't push in!** (*into queue*) niet voordringen! *[neet vohrdringuh]*
push-chair een wandelwagen (*de*) *[vandelvahCHuh]*
put zetten *[zettuh]*; **where did you put ...?** waar hebt u ... gelaten? *[vahr hebt œ ... CHelahtuh]*; **where can I put ...?** waar kan ik ... laten? *[vahr ... lahtuh]*; **could you put the lights on?** kunt u de lichten aandoen? *[koont œ duh liCHtuh ahndoon]*; **will you put the light out?** kunt u het licht uit doen? *[it liCHt owt doon]*; **you've put the price up** u hebt de prijs verhoogd *[œ hebt duh preyss verhohCHt]*; **could you put us up for the night?** kunt u ons onderdak verlenen voor een nacht? *[ons onderdak verlaynuh vohr ayn naCHt]*
pyjamas de pyjama *[peeyahma]*

Q

quality de kwaliteit *[kvaliteyt]*; **poor quality** slechte kwaliteit *[sleCHtuh]*; **good quality** goede kwaliteit *[CHooduh]*
quarantine de quarantaine *[karantayn]*
quart *see page 121*
quarter een vierde *[veerduh]*; **a quarter**

of an hour een kwartier *[kvarteer]*; *see page 118*
quay de kade *[kahduh]*
quayside: on the quayside op de kade *[op duh kahduh]*
question een vraag (*de*) *[vrahCH]*; **that's out of the question** daar is geen sprake van *[dahr iss CHayn sprahkuh van]*
queue de rij *[rey]*; **there was a long queue** er stond een lange rij *[er stont 'n languh rey]*
quick snel; **that was quick** dat was snel *[dat vass]*; **which is the quickest way?** wat is de snelste weg? *[vat iss duh snelstuh veCH]*
quickly snel
quiet (*place, hotel*) rustig *[roostiCH]*; **be quiet** wees rustig *[vayss]*
quinine de kinine *[keeneenuh]*
quite: quite a lot heel wat *[hayl vat]*; **it's quite different** het is heel anders *[it iss ... anders]*; **I'm not quite sure** ik weet het niet helemaal zeker *[ik vayt 't neet hayluhmahl zayker]*

R

rabbit een konijn (*het*) *[koneyn]*
rabies de hondsdolheid *[hontsdolheyt]*
race (*horses, cars*) een race (*de*); **I'll race you there** laten we doen wie er het eerste is *[lahtuh vuh doon vee er 't ayrstuh iss]*
racket (*tennis*) een racket (*het*)
radiator (*car*) de radiateur *[radiaturr]*; (*in room*) de radiator *[radiahtor]*
radio de radio *[rahdeeoh]*; **on the radio** op de radio
rag (*cleaning*) een schoonmaakdoek (*de*) *[sCHohnmahkdook]*
rail: by rail per spoor *[spohr]*
railroad, railway de spoorweg *[spohrveCH]*
railroad crossing de spoorwegovergang *[spohrveCHoverCHang]*
rain de regen *[rayCHuhn]*; **in the rain** in de regen *[in duh]*; **it's raining** het regent *[it rayCHent]*
rain boots de regenlaarzen *[rayCHuhn-lahrzuh]*
raincoat een regenjas (*de*) *[rayCHuhnyass]*
rape de verkrachting *[verkraCHting]*
rare zeldzaam *[zeltzahm]*; (*steak*) rood *[roht]*
rash (*on skin*) de huiduitslag *[howtowtslaCH]*
raspberries de frambozen *[frambohzuh]*
rat een rat (*de*)
rate (*exchange*) de koers *[koorss]*; **what's the rate for the pound?** wat is de koers voor het pond sterling? *[vat iss duh koorss vohr 't pont sterling]*; **what are your rates?** (*car hire etc*) wat is het tarief? *[vat iss 't tareef]*
rather: it's rather late het is tamelijk laat *[it iss tahmeluhk laht]*; **I'd rather have fish** ik heb liever vis *[leever]*
raw rauw *[row]*
razor een scheerapparaat (*het*) *[sCHayrapparaht]*
razor blades de scheermesjes *[sCHayrmeshuhs]*
reach: within easy reach gemakkelijk te bereiken *[CHemakkeluhk tuh bereykuh]*
read lezen *[layduh]*; **I can't read it** ik kan het niet lezen *[ik kan 't neet]*
ready: when will it be ready? wanneer is het klaar? *[vanayr iss 't klahr]*; **I'll go and get ready** ik ga me klaarmaken *[CHah muh klahrmahkuh]*; **I'm not ready yet** ik ben nog niet klaar *[noCH neet]*
real echt *[eCHt]*
really echt *[eCHt]*; **I really must go** ik moet nu echt gaan *[ik moot noo ... CHahn]*; **is it really necessary?** is het werkelijk nodig? *[iss 't vairkeluhk nohdiCH]*
realtor een makelaar (*de*) *[mahkelahr]*
rear: at the rear achter *[aCHter]*
rear wheels de achterwielen *[aCHter-*

veeluh]
rearview mirror de achteruitkijkspiegel *[acHter**ow**tkeykspeecHel]*
reason: the reason is that ... de reden is dat ... *[duh r**ay**duh iss dat]*
reasonable (*price, arrangement*) redelijk *[r**ay**deluhk]*; (*quite good*) behoorlijk *[beh**oh**rluhk]*
receipt een ontvangstbewijs (*het*) *[ontv**a**ngstbeveyss]*; (*at cash desk*) een kassabon (*de*) *[k**a**ssahbon]*
recently onlangs
reception (*hotel, for guests*) de receptie *[res**e**psee]*
reception desk de receptie *[res**e**psee]*
receptionist de receptioniste *[resepshon**i**stuh]*
recipe het recept *[res**e**pt]*; **can you give me the recipe for this?** kunt u mij het recept hiervoor geven? *[koont œ mey 't ... h**ee**rvohr cH**ay**vuh]*
recognize herkennen *[hairk**e**nnuh]*; **I didn't recognize it** ik herkende het niet *[hairk**e**nduh 't neet]*
recommend: could you recommend ...? zou u ... aan kunnen bevelen? *[zow œ ... ahn k**oo**nuh bev**ay**luh]*
record (*music*) een plaat (*de*) *[plaht]*
record player een platenspeler (*de*) *[pl**ah**tuhspayler]*
red rood *[roht]*
reduction (*in price*) een k**o**rting (*de*)
red wine de rode wijn *[r**oh**duh veyn]*
refreshing verfrissend *[verfr**i**ssuhnt]*
refrigerator de koelkast *[k**oo**lkast]*
refund: do I get a refund? krijg ik het vergoed? *[kreycH ik it vercH**oo**t]*
region de streek *[strayk]*
registered: by registered mail per aangetekende post *[per **ah**ncHetaykenduh posst]*
registration number het kentekennummer *[k**e**ntaykuhnnoomer]*
relative: my relatives mijn familieleden *[meyn fam**ee**leelayduh]*
relaxing: it's very relaxing het is erg ontspannend *[it iss aircH ontsp**a**nnuhnt]*
reliable (*person, car*) betrouwbaar *[betr**ow**bahr]*
religion de godsdienst *[cH**o**tsdeenst]*
remains (*of old city etc*) de overblijfselen *[**o**verbleyfseluh]*
remember: I don't remember ik kan het me niet herinneren *[it muh neet hair**i**nneruh]*; **do you remember?** weet jij het nog? *[vayt yey it nocH]*
remote (*village etc*) afgelegen *[afcHel**ay**cHuh]*
rent (*for room etc*) de huur *[hœr]*; **I'd like to rent a bike/car** ik wil graag een fiets/auto huren *[ik vill cHrahcH 'n feets/**ow**toh hœruh]*
rental car een huurauto (*de*) *[hœrowtoh]*
repair (*car etc*) repareren *[repar**ay**ruh]*; (*clothes*) herstellen *[hairst**e**lluh]*; (*general*) maken *[m**ah**kuh]*; **can you repair this?** kunt u dit maken? *[koont œ dit]*
repeat: would you repeat that? zou u dat kunnen herhalen? *[zow œ dat k**oo**nuh hairh**ah**luh]*
representative (*of company*) de vertegenwoordiger *[vertaycHuhv**oh**rdicHer]*
rescue redden *[r**e**dduh]*
reservation een reservering (*de*) *[reserv**ay**ring]*; **I have a reservation** ik heb gereserveerd *[ik heb cHerayserv**ay**rt]*
reserve reserveren *[reserv**ay**ruh]*; **I reserved a room in the name of ...** ik heb een kamer gereserveerd op naam van ... *[ik heb 'n k**ah**mer cHerayserv**ay**rt op nahm]*; **can I reserve a table for tonight?** kan ik voor vanavond een tafel reserveren? *[vohr van**ah**vont 'n t**ah**fel]*
rest: I need a rest (*holiday etc*) ik ben aan rust toe *[ahn roost too]*; **the rest of the group** de rest van de groep *[duh rest van duh cHroop]*
restaurant een restaurant (*het*) *[restor**a**nt]*
rest room het toilet *[tval**e**t]*
retired: I'm retired ik ben gepensioneerd *[cHepenshon**ay**rt]*
return: a return to Maastricht een retour Maastricht *[in ret**oo**r]*; **I'll return it tomorrow** ik breng het morgen terug *['t m**o**rcHuh ter**oo**cH]*
returnable deposit statiegeld *[st**ah**seecHelt]*
reverse charge call een b.o. gesprek (*het*) *[bay-oh cHespr**e**k]*
reverse gear de achteruitversnelling *[acHter**ow**tversnelling]*
revolting (*taste etc*) walgelijk *[v**a**lcHeluhk]*
rheumatism de reumatiek *[rurmat**ee**k]*
rib de rib; **a cracked rib** een gebroken rib

[*CHebrohkuh*]
ribbon (*for hair*) een haarlint (*het*) [*hahrlint*]
rice de rijst [*reyst*]
rich (*person*) rijk [*reyk*]; **it's too rich** (*food*) het is te machtig [*it iss tuh mACHtiCH*]
ride: can you give me a ride into town? kunt u mij een lift naar het centrum geven? [*koont œ mey 'n lift nahr 't sentrum CHayvuh*]; **thanks for the ride** bedankt voor de lift [*bedankt vohr duh lift*]
ridiculous: that's ridiculous dat is belachelijk [*dat iss belaCHeluhk*]
right (*correct*) correct; (*not left*) rechts [*reCHts*]; **you're right** je hebt gelijk [*yuh hebt CHeleyk*]; **you were right** je had gelijk [*yuh had*]; **that's right** dat is zo [*dat iss zo*]; **that can't be right** dat kan nooit goed zijn [*dat kan noyt CHoot zeyn*]; **right!** (*ok*) oké [*okay*]; **is this the right road for ...?** ben ik op de goede weg naar ...? [*duh CHooduh veCH nahr*]; **on the right** rechts [*reCHts*]; **turn right** ga naar rechts [*CHah nahr*]; **not right now** niet meteen [*neet metayn*]
righthand drive een rechts stuur (*het*) [*reCHts stœr*]
ring (*on finger*) een ring (*de*); **a gas ring** een gaspitje (*het*) [*CHaspityuh*]; **I'll ring you** ik bel je [*yuh*]
ring road een ringweg (*de*) [*ringveCH*]
ripe rijp [*reyp*]
rip-off: it's a rip-off het is afzetterij [*it iss afzetterey*]; **rip-off prices** nepprijzen [*nep-preyzuh*]
risky riskant; **it's too risky** het is te riskant [*it iss tuh riskant*]
river de rivier [*riveer*]; **by the river** aan de rivier [*ahn duh*]
road de weg [*veCH*]; **is this the road to ...?** is dit de weg naar ...? [*iss dit duh veCH nahr*]; **further down the road** verderop [*vairderop*]
road accident een wegongeluk (*het*) [*veCHonCHelook*]
road hog een wegpiraat (*de*) [*veCHpeeraht*]
road map een wegenkaart (*de*) [*vayCHuhkahrt*]
roadside: by the roadside aan de kant van de weg [*ahn duh kant van duh veCH*]
roadsign een verkeersbord (*het*) [*verkayrsbort*]
roadwork(s) werk in uitvoering [*verk in owtvooring*]
roast beef gebraden rundvlees [*CHebrahduh roontvlayss*]
rob: I've been robbed ik ben bestolen [*bestohluh*]
robe (*housecoat*) een kamerjas (*de*) [*kahmeryass*]
rock (*stone*) een rots (*de*); **on the rocks** (*with ice*) met ijs [*eyss*]
roll (*bread*) een broodje (*het*) [*brohtyuh*]; **cheese roll** een broodje kaas [*kahss*]
Roman Catholic roomskatholiek [*rohmskatoleek*]
romance een liefdesavontuur (*het*) [*leefdesavontœr*]
Rome: when in Rome ... 's lands wijs, 's lands eer [*slants veyss slants ayr*]
roof het dak; **on the roof** op het dak [*op it*]
roof rack het imperiaal [*impayreeahl*]
room de kamer [*kahmer*]; **do you have a room?** hebt u een kamer vrij? [*hebt œ 'n kahmer vrey*]; **a room for two people** een kamer voor twee personen [*'n ... vohr tvay persohnuh*]; **a room for three nights** een kamer voor drie nachten [*in ... dree naCHtuh*]; **a room with bathroom** een kamer met badkamer [*met batkahmer*]; **in my room** in mijn kamer [*in meyn*]; **there's no room** er is geen plaats [*er iss CHayn plahts*]
room service kamerservice [*kahmer-serveess*]
rope een touw (*het*) [*tow*]
rose een roos (*de*) [*rohss*]
rosé (*wine*) rosé [*rosay*]
rotary de rotonde [*rotonduh*]
rough (*sea, crossing*) stormachtig [*stormaCHtiCH*]; **the engine sounds a bit rough** de motor klinkt ongelijkmatig [*onCHeleykmahtiCH*]; **I've been sleeping rough** ik heb onder de blote hemel geslapen [*duh blohtuh haymel CHeslahpuh*]
roughly (*approx*) ongeveer [*onCHevayr*]
roulette roulette
round (*adj*) rond; **it's my round** dit is mijn ronde [*dit iss meyn ronduh*]
roundabout de rotonde [*rotonduh*]
round-trip: a round-trip ticket to ... een retour naar ... [*in retoor nahr*]
route de route [*rootuh*]; **what's the best**

route? wat is de beste route? *[vat iss duh b**e**stuh]*
rowboat, rowing boat een roeiboot *[r**oo**y boht]*
rubber (*material*) rubber *[r**oo**ber]*; (*eraser*) een gum (*het*) *[CHoom]*
rubber band een elastiekje (*het*) *[aylast**ee**kyuh]*
rubbish (*waste*) het afval *[**a**fval]*; (*poor quality items*) de rotzooi *[r**o**tzoy]*; **rubbish!** onzin!
rucksack de rugzak *[r**oo**CHzak]*
rude onbeleefd *[onbel**ay**ft]*; **he was very rude** hij was erg onbeleefd *[hey vass airCH]*
rug (*travel rug*) een reisdeken (*de*) *[r**e**yssdaykuh]*
ruins de ruïne *[rœ-**ee**nuh]*
rum: a glass of rum een glaasje rum *['n CHl**ah**-shuh room]*
rum and coke een rum-cola (*de*)
run (*person*) rennen *[r**e**nnuh]*; **I go running** ik ga joggen *[ik CHah j**o**gguh]*; **quick, run!** rennen, snel!; **how often do the buses run?** hoe vaak gaat de bus? *[hoo vahk CHaht duh booss]*; **he's been run over** hij is overreden *[hey iss overr**ay**duh]*; **I've run out of gas/petrol** mijn benzine is op *[meyn benz**ee**nuh iss op]*
rupture (*med*) een breuk (*de*) *[brurk]*
Russia Rusland *[r**oo**sslant]*

S

saccharine de sacharine *[saCHar**ee**nuh]*
sabot een klomp (*de*)
sad bedroefd *[bedr**oo**ft]*
saddle het zadel *[z**ah**del]*
safe veilig *[v**e**ylicH]*; **will it be safe here?** is het hier veilig? *[iss 't heer]*; **is it safe to drink?** is het oké om dit te drinken? *[iss 't okay om dit tuh dr**i**nkuh]*; **is it a safe beach for swimming?** is de zee hier veilig om in te zwemmen? *[iss duh zay heer ... om in tuh zv**e**mmuh]*; **could you put this in your safe?** kunt u dit in uw kluis opbergen? *[koont œ dit in oow klowss opb**ai**rCHuh]*
safety pin een veiligheidsspeld (*de*) *[v**ey**licHheytsspelt]*
sail het zeil *[zeyl]*; **can we go sailing?** kunnen we gaan zeilen? *[k**oo**nuh vuh CHahn z**ey**luh]*
sailboard een windsurfplank (*de*) *[v**i**ntsoorfplank]*
sailboarding: I like sailboarding ik vind windsurfen leuk *[vint v**i**ntsoorfuh lurk]*
sailor de zeeman *[z**ay**man]*
salad een salade (*de*) *[sal**ah**duh]*
salad cream de slasaus *[sl**ah**sowss]*
salad dressing de slasaus *[sl**ah**sowss]*
sale: is it for sale? is het te koop? *[iss 't tuh kohp]*; **it's not for sale** het is niet te koop *[it iss neet]*
sales clerk (*woman*) de verkoopster *[verk**oh**pster]*; (*man*) de verkoper *[verk**oh**per]*
salmon de zalm
salt het zout *[zowt]*
salty: it's too salty het is te zout *[it iss tuh zowt]*
same zelfde *[z**e**lfduh]*; **one the same as this** een hetzelfde als deze *[ayn 'tzelfduh als d**ay**zuh]*; **the same again, please** hetzelfde, alstublieft *[alstœbl**ee**ft]*; **have a good day — same to you** prettige dag — insgelijks *[insCHel**ey**ks]*; **it's all the same to me** het maakt mij niets uit *[it mahkt mey neets owt]*; **thanks all the same** toch bedankt *[toCH]*
sand het zand
sandal de sandaal *[sand**ah**l]*; **a pair of sandals** een paar sandalen *[in pahr]*
sandwich een broodje (*het*) *[br**oh**tyuh]*; **a chicken sandwich** een broodje kip
sandy zandig *[z**a**ndicH]*; **a sandy beach** een zandstrand
sanitary napkin, sanitary towel het maandverband *[m**ah**ntverbant]*
sarcastic sarcastisch *[sark**a**steess]*

sardines de sardientjes *[sardeentyuhs]*
satisfactory bevredigend *[bevraydicHuhnt]*; **this is not satisfactory** dit is niet bevredigend *[dit iss neet]*
Saturday zaterdag *[zahterdacH]*
sauce de saus *[sowss]*
saucepan de steelpan *[staylpan]*
saucer de schotel *[scHohtel]*
sauna de sauna *[sownah]*
sausage een worst (*de*) *[vorst]*
sauté potatoes de gesauteerde aardappelen *[cHesohtayrduh ahrdappeluh]*
save (*life*) redden *[redduh]*
savo(u)ry hartig *[harticH]*
say: how do you say ... in Dutch? hoe zeg je ... in het Nederlands? *[hoo zecH yuh ... in 't nayderlants]*; **what did you say?** wat zei u? *[vat zey oo]*; **what did he say?** wat zei hij? *[hey]*; **you can say that again!** zeg dat wel! *[zecH dat vell]*; **I wouldn't say no** daar zeg ik geen nee tegen *[dahr zecH ik cHayn nay taycHuh]*
scald: he's scalded himself hij heeft zich gebrand *[hey hayft zich cHebrant]*
scarf een das (*de*); (*head*) een hoofddoek (*de*) *[hohfdook]*
scarlet scharlaken *[scHarlahkuh]*
scenery het landschap *[lantscHap]*
scent (*perfume*) de parfum *[parfam]*
schedule (*bus, train*) de dienstregeling *[deenstraycHeling]*
scheduled flight een lijnvlucht (*de*) *[leynvloocHt]*
school de school *[scHohl]*; (*university*) de universiteit *[ooneeverseeteyt]*; **I'm still at school** ik zit nog op school *[nocH]*
science de wetenschap *[vaytenscHap]*
scissors: a pair of scissors een schaar (*de*) *[scHahr]*
scooter een scooter (*de*)
scorching: it's really scorching (*weather*) het is werkelijk snikheet *[it iss vairkeluhk snikhayt]*
score: what's the score? wat is de stand? *[vat iss duh stant]*
scotch (*whisky*) een whisky (*de*)
Scotch tape (*tm*) het plakband *[plakbant]*
Scotland Schotland *[scHotlant]*
Scottish Schots *[scHots]*
scrambled eggs roereieren *[rooreyyuhruh]*
scratch een schram (*de*) *[scHram]*; **it's only a scratch** het is maar een schram *[it iss mahr 'n]*
scream schreeuwen *[scHrayoovuh]*
screw de schroef *[scHroof]*
screwdriver een schroevedraaier (*de*) *[scHroovuhdrah-yer]*
scrubbing brush (*for hands*) een nagelborsteltje (*het*) *[nahcHelborsteltyuh]*
scruffy sjofel *[shohfel]*
sea de zee *[zay]*; **by the sea** aan zee *[ahn]*
sea air de zeelucht *[zayloocHt]*
seafood het zeebanket *[zaybanket]*
seafood restaurant een visrestaurant *[visrestorant]*
seafront de boulevard *[boolevahr]*; **on the seafront** op de boulevard *[op duh]*
seagull een zeemeeuw (*de*) *[zaymayoo]*
search zoeken *[zookuh]*; **I searched everywhere** ik heb overal gezocht *[overal cHezocHt]*
search party een zoekactie (*de*) *[zookaksee]*
seashell een schelp (*de*) *[scHelp]*
seasick: I feel seasick ik voel me zeeziek *[vool muh zayzeek]*; **I get seasick** ik heb last van zeeziekte *[zayzeektuh]*
seaside: by the seaside aan zee *[ahn zay]*; **let's go to the seaside** laten we naar zee gaan *[lahtuh vuh nahr zay cHahn]*
season het seizoen *[seyzoon]*; **in the high season** in het hoogseizoen *[in 't hohcH—]*; **in the low season** in het laagseizoen *[lahcH—]*
seasoning kruiden *[krowduh]*
seat de zitplaats *[zitplahts]*; **is this anyone's seat?** is deze plaats bezet? *[iss dayzuh plahts bezet]*
seat belt de veiligheidsgordel *[veylicHheytscHordel]*; **do you have to wear a seat belt?** is het verplicht om de veiligheidsgordel te dragen? *[iss 't verplicHt om duh ... tuh drahcHuh]*
sea urchin een zeeëgel (*de*) *[zay-aycHel]*
seaweed het zeewier *[zayveer]*
secluded afgezonderd *[afcHezondert]*
second (*adj*) tweede *[tvayduh]*; (*time*) een seconde (*de*) *[sekonduh]*; **just a second!** een ogenblik, alstublieft! *[in ohcHenblik alstoobleeft]*; **can I have a second helping?** mag ik me nog eens bedienen? *[macH ik muh nocH ayns bedeenuh]*

second class (*travel*) tweede klas *[tvayduh klass]*
second-hand tweedehands *[tvayduh-hants]*
secret (*adj*) geheim *[CHheyym]*
security check de veiligheidscontrole *[veylichheytskontroluh]*
sedative een kalmerend middel (*het*) *[kalmayrent]*
see zien *[zeen]*; **I didn't see it** ik heb het niet gezien *['t neet CHezeen]*; **have you seen my husband?** hebt u mijn man gezien? *[œ meyn man]*; **I saw him this morning** ik heb hem vanochtend gezien *[vanoCHtent]*; **can I see the manager?** kan ik de chef spreken? *[duh sheff spraykuh]*; **see you tonight!** tot vanavond! *[vanahvont]*; **can I see?** mag ik kijken? *[maCH ik keykuh]*; **oh, I see** oh, zo zit dat; **will you see to it?** wilt u daar voor zorgen? *[vilt œ dahr vohr zorCHuh]*
seldom zelden *[zelduh]*
self-catering apartment een flat met zelfverzorging (*de*) *[in flat met zelfverzorCHing]*
self-service de zelfbediening *[zelf-bedeening]*
sell verkopen *[verkohpuh]*; **do you sell ...?** verkoopt u ...? *[verkohpt œ]*; **will you sell it to me?** wilt u het aan mij verkopen? *[vilt œ 't ahn mey]*
sellotape (*tm*) plakband (*het*) *[plakbant]*
send versturen *[verstœruh]*; **I want to send this to England** ik wil dit naar Engeland versturen *[vill dit nahr engelant]*; **I'll have to send this food back** stuur het maar terug naar de keuken *[stœr 't mahr terooCH nahr duh kurkuh]*
senior: Mr Jones senior de heer Jones senior *[duh hayr ... sayneeor]*
senior citizen een bejaarde (*de*) *[buh-yahrduh]*
sensational sensationeel *[sensashonayl]*
sense: I have no sense of direction ik heb geen richtingsgevoel *[CHayn riCHtingsCHevool]*; **it doesn't make sense** het slaat nergens op *[it slaht nairCHens op]*
sensible verstandig *[verstandiCH]*
sensitive gevoelig *[CHevooliCH]*
sentimental sentimenteel *[sentimentayl]*
separate (*adj*) gescheiden *[CHesCHey-duh]*; **can we have separate bills?** kunnen we (ieder) afzonderlijk afrekenen? *[koonuh vuh (eeder) afzonderluhk afraykenuh]*
separated: I'm separated wij wonen gescheiden *[vey vohnuh CHesCHeyduh]*
separately afzonderlijk *[afzonderluhk]*
September september
septic septisch *[septeess]*
serious serieus *[seriurs]*; **I'm serious** ik meen het *[ik mayn 't]*; **you can't be serious!** je houd me voor de gek *[yuh howt muh vohr duh CHek]*; **is it serious, doctor?** is het ernstig, dokter? *[iss 't airnstiCH dokter]*
seriously: seriously ill ernstig ziek *[airnstiCH zeek]*
service: the service was excellent de bediening was uitstekend *[duh bedeening vass owstaykent]*; **could we have some service, please!** kunnen wij bediend worden, alstublieft! *[koonuh vey bedeent vorduh alstœbleeft]*; **(church) service** de kerkdienst *[kairkdeenst]*; **the car needs a service** de auto heeft een servicebeurt nodig *[duh owtoh hayft 'n 'service'burrt nohdiCH]*
service charge de bediening *[bedeening]*
service station een servicestation (*het*) *[—stashon]*
serviette een servet (*het*)
set: it's time we were setting off het wordt tijd om te vertrekken *[it vort teyt om tuh vertrekkuh]*
set menu de dagkaart *[daCHkahrt]*
settle up: can we settle up now? kunnen we nu afrekenen? *[koonuh vey nœ afraykenuh]*
several verscheidene *[versCHeydenuh]*
sew: could you sew this back on? zou u dit weer vast kunnen naaien? *[zow œ dit vayr vast koonuh nah-yuh]*
sex sex
sexist een sexist (*de*)
sexy sexy
shade: in the shade in de schaduw *[in duh sCHahdoow]*
shadow een schaduw (*de*) *[sCHahdoow]*
shake: to shake hands elkaar de hand geven *[elkahr duh hant CHayvuh]*
shallow ondiep *[ondeep]*
shame: what a shame! wat jammer! *[vat yammer]*
shampoo een shampoo (*de*); **can I have a**

shampoo and set? wassen en watergolven, alstublieft *[vassuh en vahtercHolvuh alstœbleeft]*
shandy, shandy-gaff een shandy (*de*)
share (*room, table*) delen *[dayluh]*; **let's share the cost** laten we de kosten delen *[lahtuh wuh duh kostuh dayluh]*
sharp (*knife, taste*) scherp *[scHairp]*; (*pain*) stekend *[staykent]*
shattered: I'm shattered (*very tired*) ik ben doodop *[dohtop]*
shave: I need a shave ik moet me scheren *[moot muh scHayruh]*; **can you give me a shave?** kunt u mij scheren? *[koont œ mey]*
shaver het scheerapparaat *[scHayrap-paraht]*
shaving brush een scheerkwast (*de*) *[scHayrkvast]*
shaving foam het scheerschuim *[scHayrscHowm]*
shaving point het stopcontact voor scheerapparaten *[scHayrapparahtuh]*
shaving soap de scheerzeep *[scHayrzayp]*
shawl de omslagdoek *[omslacHdook]*
she zij *[zey]*, ze *[zuh]*; **is she ...?** is ze ...? *[iss zuh]*; *see page 110*
sheep een schaap (*het*) *[scHahp]*
sheet een laken (*het*) *[lahkuh]*
shelf de plank
shell (*seashell*) de schelp *[scHelp]*
shellfish de schelpdieren *[scHelpdeeruh]*
sherry een sherry (*de*)
shingles (*med*) gordelroos (*de*) *[cHordel-rohss]*
ship het schip *[scHip]*; **by ship** per schip
shirt een overhemd (*het*); **a clean shirt** een schoon overhemd *[scHohn]*
shit! verdomme! *[verdommuh]*
shock (*surprise*) een schok (*de*) *[scHok]*; **I got an electric shock from the ...** ik kreeg een elektrische schok van de ... *[kraycH 'n elektreessuh]*
shock-absorber de schokbreker *[scHokbrayker]*
shocking schokkend *[scHokkent]*
shoelaces de schoenveters *[scHoonvay-ters]*
shoe polish de schoensmeer *[scHoonsmayr]*
shoes de schoenen *[scHoonuh]*; **a pair of shoes** een paar schoenen *[in pahr]*
shop de winkel *[vinkel]*
shopping: I'm going shopping ik ga winkelen *[cHah vinkeluh]*
shop window de etalage *[etalahjuh]*
shore de oever *[oover]*
short (*person*) klein *[kleyn]*; **it's only a short distance** het is maar een korte afstand *[it iss mahr 'n kortuh afstant]*
short-change: you've short-changed me u hebt me te weinig geld teruggegeven *[œ hebt muh tuh veynicH cHelt teroocHecHayvuh]*
short circuit een kortsluiting (*de*) *[kortslowting]*
shortcut: I took a shortcut ik heb de kortste weg genomen *[duh kortstuh vecH cHenohmuh]*
shorts een korte broek (*de*) *[kortuh brook]*; (*underwear*) een onderbroek (*de*) *[onderbrook]*
should: what should I do? wat moet ik doen? *[vat moot ik doon]*; **he shouldn't be long** hij zal zo wel komen *[hey zal zo vel kohmuh]*; **you should have told me** je had het me moeten vertellen *[yuh hat 't muh mootuh vertelluh]*
shoulder de schouder *[scHowder]*
shoulder blade het schouderblad *[scHowderblat]*
shout schreeuwen *[scHrayoovuh]*
show: could you show me ...? kunt u mij wijzen ...? *[koont œ mey veyzuh]*; **does it show?** kun je het zien? *[koon yuh 't zeen]*; **we'd like to go to a show** we willen graag naar een voorstelling gaan *[vuh villuh cHrahcH nahr 'n vohrstelling cHahn]*
shower (*in bathroom*) de douche *[doosh]*; **with shower** met douche
shower cap de douchemuts *[dooshmoots]*
show-off: don't be a show-off doe niet zo opschepperig *[doo neet zo opscHeppericH]*
shrimps de garnalen *[cHarnahluh]*
shrink: it's shrunk het is gekrompen *[it iss cHekrompuh]*
shut sluiten *[slowtuh]*; **when do you shut?** hoe laat sluit u? *[hoo laht slowt œ]*; **when do they shut?** hoe laat sluiten ze? *[zuh]*; **it was shut** het was gesloten *[it vass cHeslohtuh]*; **I've shut myself out** ik heb mezelf buiten gesloten *[muhzelf*

bowtuh]; **shut up!** hou je kop! *[how yuh kop]*
shutter (*phot*) de sluiter *[slowter]*; (*on window*) het luik *[lowk]*
shutter release de sluiterknop *[slowter-k-nop]*
shy verlegen *[verlaycHuh]*
sick misselijk *[misseluhk]*; **I think I'm going to be sick** (*vomit*) ik geloof dat ik moet overgeven *[cHelohf dat ik moot overcHayvuh]*
side de kant; (*in game*) de ploeg *[ploocH]*; **at the side of the road** aan de kant van de weg *[ahn duh kant van duh vecH]*; **the other side of town** de andere kant van de stad *[duh anderuh ... stat]*
side lights de stadslichten *[statslicHtuh]*
side salad een slaatje (*het*) *['t slahtyuh]*
side street een zijstraat (*de*) *[zeystraht]*
sidewalk het trottoir *[trottvahr]*, de stoep *[stoop]*
sidewalk café een terras (*het*) *[terrass]*
sight: the sights of ... de bezienswaardigheden van ... *[duh bezeensvahrdicHayduh van]*
sightseeing: sightseeing tour (*by bus*) een toeristische rondrit (*de*) *[tooristeessuh rontrit]*; (*by boat*) een toeristische rondvaart *[—vahrt]*; **we're going sightseeing** we gaan de bezienswaardigheden bekijken *[vuh cHahn duh bezeensvahrdicHhayduh bekeykuh]*
sign (*roadsign*) het verkeersbord *[verkayrsbort]*; (*notice*) het bord; **where do I sign?** waar moet ik tekenen? *[vahr moot ik taykenuh]*
signal: he didn't give a signal hij gaf geen signaal *[hey cHaf cHayn seen-yahl]*
signature de handtekening *[hanttaykening]*
signpost de wegwijzer *[vecHveyzer]*
silence de stilte *[stiltuh]*
silencer de knaldemper *[k-naldemper]*
silk de zijde *[zeyduh]*
silly dwaas *[dvahss]*; **that's silly** dat is dwaas *[dat iss]*
silver het zilver
silver foil de aluminiumfolie *[alœmeenee-umfohlee]*
similar: they look similar ze lijken op elkaar *[zuh leykuh op elkahr]*
simple eenvoudig *[aynvowdicH]*
since: since yesterday sinds gisteren *[sints cHisteruh]*; **since we got here** sinds onze aankomst *[onzuh ahnkomst]*
sincere oprecht *[oprecHt]*
sing zingen *[zinguh]*
singer (*man*) de zanger; (*woman*) de zangeres *[zangeress]*
single: a single room een eenpersoonskamer *[aynpersohns-kahmer]*; **a single to ...** een enkele reis naar ... *[in enkeluh reyss nahr]*; **I'm single** ik ben niet getrouwd *[neet cHetrowt]*
sink (*kitchen*) de gootsteen *[cHohtstayn]*; **it sank** het zonk *[it]*
sir mijnheer *[menayr]*
sirloin het lendestuk van rund *[lenduhstuk van roont]*
sister: my sister mijn zuster *[meyn zooster]*
sister-in-law: my sister-in-law mijn schoonzuster *[meyn scHohnzooster]*
sit: may I sit here? kan ik hier zitten? *[heer zittuh]*; **is anyone sitting here?** zit er hier iemand? *[zit er heer eemant]*
site (*campsite etc*) het terrein *[terreyn]*
size de maat *[maht]*
sketch de schets *[scHets]*
skid: I skidded ik slipte *[sliptuh]*
skin de huid *[howt]*
skinny mager *[mahcHer]*
skirt een rok (*de*)
skull de schedel *[scHaydel]*
sky de hemel *[haymel]*
sledge een slee (*de*) *[slay]*
sleep: I can't sleep ik kan niet slapen *[neet slahpuh]*; **did you sleep well?** heb je goed geslapen? *[heb yuh cHoot cHeslahpuh]*; **sleep well** slaap lekker *[slahp]*; **I need a good sleep** ik heb een goede nachtrust nodig *['n cHooduh nacHtroost nohdicH]*
sleeper (*rail*) de slaapwagen *[slahpvahcHuh]*
sleeping bag een slaapzak (*de*) *[slahpzak]*
sleeping car de slaapwagen *[slahpvahcHuh]*
sleeping pill een slaappil (*de*) *[slahppill]*
sleepy slaperig *[slahpericH]*; **I'm feeling sleepy** ik voel me slaperig *[vool muh]*
sleet natte sneeuw *[nattuh snayoo]*
sleeve de mouw *[mow]*
slice (*bread*) een snee (*de*) *[snay]*; (*meat*)

een schijf (*de*) *[scHeyf]*
slide (*phot*) een dia (*de*) *[dee-ah]*
slim (*adj*) slank; **I'm slimming** ik ben op dieet *[dee-ayt]*
slip (*under dress*) de onderjurk *[onderyurk]*; **I slipped** (*on pavement etc*) ik gleed uit *[cHlayt owt]*
slipped disc de hernia *[hairneeah]*
slippery glad *[cHlat]*
slow langzaam *[langzahm]*; **slow down** langzamer alstublieft *[alstœbleeft]*
slowly langzaam *[langzahm]*; **could you say it slowly?** kunt u het langzaam zeggen? *[koont œ 't ... zecHuh]*
small klein *[kleyn]*
small change het kleingeld *[kleyncHelt]*
smallpox de pokken *[pokkuh]*
smart (*clothes*) elegant *[aylecHant]*
smashing fantastisch *[fantasteess]*
smell: there's a funny smell er hangt een vreemd luchtje *[er hangt 'n vraymt loocHtyuh]*; **what a lovely smell** wat een heerlijke geur *[vat 'n hayrluhkuh cHurr]*; **it smells** het stinkt *[it]*
smile glimlachen *[cHlimlacHuh]*
smoke de rook *[rohk]*; **do you smoke?** rookt u? *[rohkt œ]*; **do you mind if I smoke?** hebt u er bezwaar tegen als ik rook? *[hebt œ er bezvahr taycHuh als ik]*; **I don't smoke** ik rook niet *[neet]*
smooth (*surface*) glad *[cHlat]*; (*sea*) kalm
smoothy: a real smoothy een echte vleier *[ecHtuh vley-yer]*
snack: I'd just like a snack ik wou alleen 'n klein hapje eten *[ik wow allayn 'n kleyn hapyuh aytuh]*
snackbar het cafetaria *[kaffetahriah]*
snails slakken (*de*) *[slakkuh]*
snake de slang
sneakers de gymschoenen *[cHimscHoonuh]*
snob een snob (*de*)
snow de sneeuw *[snayoo]*
so: it's so hot het is zo heet *[it iss zo hayt]*; **it was so beautiful!** het was ontzettend mooi *[it vass ontzettuhnt moy]*; **not so fast** niet zo snel *[neet zo snell]*; **thank you so much** heel erg bedankt *[hayl aircH bedankt]*; **it wasn't — it was so!** niet waar — wel waar! *[neet vahr vell vahr]*; **so am I** ik ook *[ik ohk]*; **so do I** ik ook; **how was it? — so-so** hoe was het? — zo-zo
soaked: I'm soaked ik ben drijfnat *[dreyfnat]*
soaking solution (*for contact lenses*) de lensvloeistof *[lens-vlooy-stof]*
soap de zeep *[zayp]*
soap-powder het waspoeder *[vaspooder]*
sober nuchter *[noocHter]*
soccer het voetbal *[vootbal]*
sock een sok (*de*)
socket (*elec*) het stopcontact
soda (water) een sodawater (*het*) *[sodahvahter]*
sofa de sofa
soft zacht *[zacHt]*
soft drink een glas fris (*het*) *[in cHlass friss]*
soft lenses de zachte lenzen *[zahcHtuh lenzuh]*
soldier de soldaat *[soldaht]*
sole (*of shoe*) de zool *[zohl]*; **could you put new soles on these?** kunt u hier nieuwe zolen onder zetten? *[koont œ heer 'new'-uh zohluh onder zettuh]*
solid solide *[soleeduh]*
solid fuel (*for camping stove*) de metagas tabletten *[mayta-cHass]*
some: may I have some water? kan ik wat water krijgen? *[vat vahter kreycHuh]*; **do you have some matches?** hebt u lucifers? *[hebt œ]*; **that's some drink!** dat noem ik nog eens een borrel *[dat noom ik nocH ayns 'n borrel]*; **some of them** sommige *[sommicHuh]*; **can I have some?** (*some of those*) kan ik er een paar krijgen? *[er 'n pahr kreycHuh]*; (*some of that*) kan ik daar wat van hebben? *[dahr vat van hebbuh]*
somebody, someone iemand *[eemant]*
something iets *[eets]*; **something to drink** iets te drinken *[tuh drinkuh]*
sometime: sometime in the afternoon in de loop van de middag *[in duh lohp van duh middacH]*
sometimes soms
somewhere ergens *[aircHuhns]*
son: my son mijn zoon *[meyn zohn]*
song een lied (*het*) *[leet]*
son-in-law: my son-in-law mijn schoonzoon *[meyn scHohnzohn]*
soon gauw *[cHow]*; **I'll be back soon** ik blijf niet lang weg *[bleyf neet lang vecH]*; **as soon as you can** zo gauw je kunt *[zo cHow yuh koont]*

sore: it's sore het doet zeer *[it doot zayr]*
sore throat een zere keel (*de*) *[in zayruh kayl]*
sorry: (I'm) sorry sorry; **sorry?** pardon, wat zei u? *[vat zey ꝏ]*
sort: what sort of ...? wat voor soort ...? *[vat vohr sohrt]*; **a different sort of ...** een ander soort ... *[in ander]*; **will you sort it out?** los jij het op? *[loss yey 't op]*
soup de soep *[soop]*
sour zuur *[zꝏr]*
south het zuiden *[zowduh]*; **to the south** naar het zuiden *[nahr 't]*
South Africa Zuid-Afrika *[zowd-ahfrika]*
South African (*man*) een Zuid-Afrikaan (*de*) *[zowd- afrikahn]*; (*woman*) een Zuid-Afrikaanse (*de*)
southeast het zuidoosten *[zowdohstuh]*; **to the southeast** naar het zuidoosten *[nahr 't]*
southwest het zuidwesten *[zowdvestuh]*; **to the southwest** naar het zuidwesten *[nahr 't]*
souvenir een souvenir (*het*)
space heater de (elektrische) kachel *[(aylektreessuh) kaCHel]*
spade een spade (*de*) *[spahduh]*
Spain Spanje *[spanyuh]*
Spanish Spaans *[spahns]*
spanner een moersleutel (*de*) *[moorslurtel]*
spare part een reservedeel (*het*) *[resairvuhdayl]*
spare tyre/tire de reserveband *[resairvuhbant]*
spark(ing) plug een bougie (*de*) *[boojee]*
speak: do you speak English? spreekt u Engels? *[spraykt ꝏ engels]*; **I don't speak ...** ik spreek geen ... *[sprayk CHayn]*; **can I speak to ...?** kan ik ... spreken? *[spraykuh]*; **speaking** (*telec*) daar spreekt u mee *[dahr ... ꝏ may]*
special speciaal *[speshahl]*; **nothing special** niets bijzonders *[neets beezonders]*
specialist (*doctor*) een specialist (*de*) *[speshalist]*
special(i)ty (*in restaurant*) de specialiteit *[speshahleeteyt]*; **the special(i)ty of the house** de specialiteit van het huis *[van 't howss]*
spectacles de bril *[brill]*
speed de snelheid *[snelheyt]*; **he was speeding** hij reed te hard *[hey rayt tuh hart]*
speedboat de speedboot *[—boht]*
speed limit de maximum snelheid *[maxeemum snelheyt]*
speedometer de snelheidsmeter *[snelheytsmayter]*
spell: how do you spell it? hoe spel je het? *[hoo spell yuh het]*
spend uitgeven *[OWtCHayvuh]*; **I've spent all my money** ik heb al mijn geld uitgegeven *[al meyn CHelt OWtCHeCHayvuh]*
spice een specerij (*de*) *[spayserey]*
spicy: it's very spicy het is erg pittig *[it iss airCH pittiCH]*
spider een spin (*de*)
spin-dryer de droogtrommel *[drohCHtrommel]*
splendid fantastisch *[fantasteess]*
splint (*for broken limb*) de spalk
splinter (*in finger etc*) een splinter (*de*)
splitting: I've got a splitting headache ik heb barstende hoofdpijn *[barstenduh hohftpeyn]*
spoke (*in wheel*) een spaak (*de*) *[spahk]*
sponge een spons (*de*)
spoon een lepel (*de*) *[laypel]*
sport de sport
sport(s) jacket een sportjasje (*het*) *[sportyashuh]*
spot: will they do it on the spot? wordt het ter plekke gedaan? *[vort 't ter plekkuh CHedahn]*; (*on skin*) een puist (de) *[powst]*
sprain: I've sprained my ... ik heb mijn ... verstuikt *[meyn ... verstowkt]*
spray (*for hair*) de haarlak *[hahrlak]*
spring (*season*) de lente *[lentuh]*
square (*in town*) het plein *[pleyn]*; **ten square metres** 10 vierkante meter *[veerkantuh mayter]*
squash (*sport*) squash
stain (*on clothes*) een vlek (*de*)
stairs de trap
stale oud *[owt]*
stall: the engine keeps stalling de motor slaat steeds af *[duh motor slaht stayts af]*
stalls de stalles *[stalluhss]*
stamp een postzegel (*de*) *[posstzayCHel]*; **a stamp for England please** een postzegel voor Engeland alstublieft *[in ... vohr*

engelant alstœbleeft]
stand: I can't stand ... ik heb een ontzettende hekel aan ... *['n ontzettenduh haykel ahn]*
standard (*adj*) standaard *[standahrt]*
standby (*fly*) standby
star een ster (*de*)
start het begin *[becHin]*; (*verb*) beginnen *[becHinnuh]*; **when does the film start?** hoe laat begint de film? *[hoo laht becHint duh film]*; **the car won't start** de auto wil niet starten *[duh owtoh vill neet startuh]*
starter (*car*) de startmotor; (*food*) een voorgerecht (*het*) *[vohrcHerecHt]*
starving: I'm starving ik ben uitgehongerd *[owtcHehongert]*
state (*in country*) de staat *[staht]*; **the States** (*USA*) de Verenigde Staten *[duh veraynicHduh stahtuh]*
station (*for trains*) het station *[stashon]*
statue het standbeeld *[stantbaylt]*
stay: we enjoyed our stay we hebben van ons verblijf genoten *[vuh hebbuh van ons verbleyf cHenohtuh]*; **where are you staying?** waar logeert u? *[vahr lojayrt œ]*; **I'm staying at ...** ik logeer in ... *[lojayr in]*; **I'd like to stay another week** ik wil graag nog een week blijven *[ik vill cHrahcH nocH 'n vayk bleyvuh]*; **I'm staying in tonight** ik blijf vanavond thuis *[bleyf vanahvont towss]*
steak een biefstuk (*de*) *[beefstook]*
steal: my bag has been stolen mijn tas is gestolen *[meyn tass iss cHestohluh]*
steep (*hill*) steil *[steyl]*
steering de stuurinrichting *[stœrinricHting]*; **the steering is slack** er zit speling in het stuur *[spayling in 't stœr]*
steering wheel het stuur *[stœr]*
stereo een stereo (*de*) *[stayrayo]*
sterling sterling; **pound sterling** het pond sterling *[it pont]*
stew een vleesragoût (*de*) *[vlayssracHoo]*
steward (*on plane*) de steward
stewardess de stewardess
sticking plaster een hechtpleister (*de*) *[hecHtpleyster]*
sticky kleverig *[klayvericH]*
sticky tape het plakband *[plakbant]*
still: I'm still waiting ik wacht nog steeds *[vacHt nocH stayts]*; **will you still be open?** bent u dan nog open? *[bent œ dan nocH]*; **it's still not right** het is nog steeds niet goed *[it iss ... neet cHoot]*; **that's still better** dat is nog beter *[dat iss ... bayter]*
sting: a bee sting een steek van een bij *[in stayk van 'n bey]*; **I've been stung** ik ben gestoken *[cHestohkuh]*
stink de stank
stockings de kousen *[kowsuh]*
stolen: my wallet's been stolen mijn portefeuille is gestolen *[meyn portuhfuhyuh iss cHestohluh]*
stomach de maag *[mahcH]*; **do you have something for an upset stomach?** mijn maag is van streek, hebt u daar iets tegen? *[meyn mahcH iss van strayk hebt œ dahr eets taycHuh]*
stomach-ache de maagpijn *[mahcHpeyn]*
stone de steen *[stayn]*; *see page 120*
stop (*bus stop*) de halte *[haltuh]*; **which is the stop for ...?** bij welke halte moet ik eruit voor ...? *[bey velkuh haltuh moot ik erowt vohr]*; **please stop here** (*to taxidriver*) kunt u hier stoppen alstublieft *[koont œ heer stoppuh alstœbleeft]*; **do you stop near ...?** stopt u in de buurt van ...? *[stopt œ in duh bœrt van]*; **stop doing that!** hou daar mee op! *[how dahr may op]*
stopover: I have a stopover in Paris ik onderbreek mijn reis in Parijs *[onderbrayk meyn reyss]*
store een winkel (*de*) *[vinkel]*
stor(e)y de verdieping *[verdeeping]*
storm de storm
story (*tale*) het verhaal *[verhahl]*
stove het fornuis *[fornowss]*
straight (*road etc*) recht *[recHt]*; **it's straight ahead** het is recht door *[it iss ... dohr]*; **straight away** nu meteen *[nœ metayn]*; **a straight whisky** een whisky puur *[pœr]*
straighten: can you straighten things out? kunt u alles in orde brengen? *[koont œ alluhs ... brenguh]*
strange (*odd*) vreemd *[vraymt]*; (*unknown*) onbekend *[onbekent]*
stranger een vreemdeling (*de*) *[vraymdeling]*; **I'm a stranger here** ik ben hier vreemd *[heer vraymt]*
strap (*on watch*) een horlogebandje (*het*) *[horlohjuhbantyuh]*; (*luggage, dress*) een riem (*de*) *[reem]*
strawberry een aardbei (*de*) *[ahrtbey]*

streak: could you put streaks in? (*in hair*) kunt u mij een coupe de soleil geven? *[koont œ mey 'n koop duh sohl**ey** CH**ay**vuh]*
stream de stroom *[strohm]*
street de straat *[straht]*; **on the street** op straat
street café een terras (*het*)
streetcar de tram
streetmap de stadsplattegrond *[st**a**tsplattuhCHront]*
strep throat een ontstoken keel (*de*) *[ontst**oh**kuh kayl]*
strike: they're on strike ze staken *[zuh st**ah**kuh]*
string het touw *[tow]*
striped (*shirt etc*) gestreept *[CHestr**ay**pt]*
striptease de striptease
stroke: he's had a stroke hij heeft een beroerte gehad *[hey hayft 'n ber**oo**rtuh CHeh**at**]*
stroll: let's go for a stroll laten we een eindje gaan wandelen *[l**ah**tuh wuh 'n **ey**ntyuh CHahn v**a**ndeluh]*
stroller (*for babies*) een wandelwagentje (*het*) *[v**a**ndelvahCHentyuh]*
strong sterk *[stairk]*
stroppy onhebbelijk *[onh**e**bbeluhk]*
stuck: the key's stuck de sleutel zit vast
student een student (*de*) *[stœd**e**nt]*
stupid stom
sty (*in eye*) een strontje (*het*) *[str**o**ntyuh]*
subtitles de ondertiteling *[**o**nder-teeteling]*
suburb de buitenwijk *[b**o**wtuhveyk]*
subway de metro
successful: was it successful? was het geslaagd? *[vass 't CHesl**ah**CHt]*
suddenly pl**o**tseling
sue: I intend to sue ik maak er een rechtszaak van *[mahk er 'n r**e**CHtzahk]*
suede suede
sugar de suiker *[s**o**wker]*
suggest: what do you suggest? wat stelt u voor? *[vat stelt œ vohr]*
suit een pak (*het*); **it doesn't suit me** (*colour etc*) het staat me niet *[it staht muh neet]*; **it suits you** het staat je *[yuh]*; **that suits me fine** (*plan etc*) dat schikt me best *[dat sCH**i**kt muh]*
suitable (*time*) gelegen *[CHel**ay**CHuh]*; (*place*) geschikt *[CHesCH**ikt**]*
suitcase de koffer
sulk: he's sulking hij zit te pruilen *[hey zit tuh pr**o**wluh]*
sultry (*weather*) zwoel *[zvool]*
summer de zomer *[z**oh**mer]*; **in the summer** 's zomers *[s**oh**mers]*
sun de zon; **in the sun** in de zon *[in duh]*; **out of the sun** in de schaduw *[sCH**ah**doow]*; **I've had too much sun** ik heb teveel in de zon gezeten *[tev**ay**l ... CHez**ay**tuh]*
sunbathe zonnen *[z**o**nnuh]*
sun block de sun block
sunburnt: I am sunburnt ik ben door de zon verbrand *[dohr duh zon verbr**a**nt]*
Sunday zondag *[z**o**ndaCH]*
sunglasses een zonnebril (*de*) *[z**o**nnuhbrill]*
sun lounger (*recliner*) een ligstoel (*de*) *[l**i**CHstool]*
sunny: if it's sunny als de zon schijnt *[als duh zon sCHeynt]*
sunrise de zonsopgang *[z**o**nsopCHang]*
sun roof (*in car*) het schuifdak *[sCH**o**wfdak]*
sunset de zonsondergang *[zons**o**nderCHang]*
sunshade (*over table*) de parasol
sunshine de zonneschijn *[z**o**nnuhsCHeyn]*
sunstroke een zonnesteek (*de*) *[z**o**nnuhstayk]*
suntan: to get a suntan bruin worden *[brown v**o**rduh]*
suntanned bruingebrand *[brown-CHebr**a**nt]*
suntan lotion de zonnebrandcreme *[z**o**nnuhbrantkrem]*
suntan oil de zonnebrandolie *[z**o**nnuhbrantohlee]*
super geweldig *[CHev**e**ldiCH]*
superb voortreffelijk *[vohrtr**e**ffeluhk]*
supermarket de supermarkt
supper het souper *[soop**ay**]*
supplement (*extra charge*) de toeslag *[t**oo**slaCH]*
suppose: I suppose so ik neem aan van wel *[ik naym ahn van vell]*
suppository een zetpil (*de*) *[z**e**tpill]*
sure: I'm sure ik weet het zeker *[vayt 't z**ay**ker]*; **are you sure?** weet je het zeker? *[vayt yuh 't z**ay**ker]*; **he's sure** hij weet het zeker *[hey]*; **sure!** zeker!
surname de achternaam *[**a**CHternahm]*
surprise een verrassing (*de*)

surprising: that's not surprising dat is niet te verwonderen *[dat iss neet tuh vervonderuh]*
suspension (*on car*) de vering *[vayring]*
swallow slikken *[slikkuh]*
swearword een vloek (*de*) *[vlook]*
sweat zweten *[zvaytuh]*; **covered in sweat** door en door bezweet *[dohr en dohr bezvayt]*
sweater een sweater (*de*)
Sweden Zweden *[zvayduh]*
sweet (*taste*) zoet *[zoot]*; (*dessert*) een toetje (*het*) *[tootyuh]*
sweets het snoepgoed *[snoopCHoot]*
swelling een gezwel (*het*) *[CHezvel]*
sweltering snikheet *[snikhayt]*
swerve: I had to swerve ik moest uitwijken *[moost owtveykuh]*
swim: I'm going for a swim ik ga zwemmen *[CHah zvemmuh]*; **do you want to go for a swim?** heb je zin om te gaan zwemmen? *[heb yuh zin om tuh CHahn]*; **I can't swim** ik kan niet zwemmen *[neet]*
swimming zwemmen *[zvemmuh]*; **I like swimming** ik zwem graag *[zvem CHrahCH]*
swimming costume een zwempak (*het*) *[zvempak]*
swimming pool het zwembad *[zvembat]*
swimming trunks een zwembroek (*de*) *[zvembrook]*
swing bridge de draaibrug *[drahi-brooCH]*
switch een schakelaar *[sCHahkelahr]*; **could you switch it off?** kunt u het uitschakelen *[koont œ 't owtsCHah-keluh]*; **could you switch it on?** kunt u het aan doen *[ahn doon]*
Switzerland Zwitserland *[zv—]*
swollen opgezet *[opCHezet]*
swollen glands opgezette klieren *[opCHezettuh kleeruh]*
sympathy de sympathie *[sympatee]*
synagogue de synagoge *[seenaCHohCH]*
synthetic synthetisch *[sintayteess]*

T

table een tafel (*de*) *[tahfel]*; **a table for two** een tafel voor twee *['n tahfel vohr tvay]*; **our usual table** onze gebruikelijke tafel *[onzuh CHebrowkeluhkuh]*
tablecloth het tafellaken *[tahfel-lahken]*
table tennis het tafeltennis *[tahfel—]*
table wine de tafelwijn *[tahfel-veyn]*
tactful tactvol
tailback een file (*de*) *[feeluh]*
tailor de kleermaker *[klayrmahker]*
take nemen *[naymuh]*; **will you take this to room 12?** wilt u dit naar kamer nummer 12 brengen? *[vilt œ dit nahr … brenguh]*; **will you take me to the airport ...?** wilt u mij naar het vliegveld brengen? *[mey nahr]*; **do you take credit cards?** accepteert u kredietkaarten? *[akseptayrt œ kredeetkahrtuh]*; **OK, I'll take it** oké, ik neem het *[okay ik naym it]*; **how long does it take?** hoe lang duurt het? *[hoo lang dœrt it]*; **it took 2 hours** het duurde 2 uur *[it dœrde]*; **is this seat taken?** is deze plaats bezet? *[iss dayzuh plahts bezet]*; **to take away** (*food*) om mee te nemen *[may tuh naymuh]*; **will you take this back, it's broken** ik wil dit teruggeven, het is gebroken *[vill dit terooCH-CHayvuh, it iss CHebrohkuh]*; **could you take it in at the side?** (*dress*) zou u het aan de zijkant in kunnen nemen? *[zow œ it ahn duh zeykant in koonuh naymuh]*; **when does the plane take off?** hoe laat vertrekt het vliegtuig? *[hoo laht vertrekt it vleeCHtowCH]*; **can you take a little off the top?** kunt u er van boven een stukje afhalen? *[koont œ er van bohvuh 'n stook-yuh afhahluh]*
talcum powder de talkpoeder *[tal-k-pooder]*
talk praten *[prahtuh]*
tall lang
tampax (*tm*) tampax

tampons de tampons
tank (*of car*) de tank
tap de kraan *[krahn]*
tape (*for cassette*) een bandje (*het*) *[bantyuh]*; (*sticky*) het plakband *[plakbant]*
tape measure de centimeter *[sentimayter]*
tape recorder de bandrecorder
taste de smaak *[smahk]*; **can I taste it?** kan ik het proeven? *[it proovuh]*; **it has a peculiar taste** het heeft een eigenaardig smaakje *[it hayft 'n eychenahrdich smahk-yuh]*; **it tastes very nice** het smaakt erg lekker *[it smahkt airch lekker]*; **it tastes revolting** het smaakt walgelijk *[valcheluhk]*
taxi een taxi (*de*); **will you get me a taxi?** kunt u voor mij een taxi roepen? *[koont œ vohr mey 'n taxi roopuh]*
taxi-driver de taxi-chauffeur
taxi rank, taxi stand de taxi-standplaats *[—stantplahts]*
tea (*drink*) de thee *[tay]*; **tea for two please** twee thee alstublieft *[tvay ... alstœbleeft]*; **could I have a cup of tea?** kan ik een kop thee krijgen? *['n kop tay kreychuh]*
teabag een theezakje (*het*) *[tayzak-yuh]*
teach: could you teach me? kunt u het mij leren? *[koont œ it mey layruh]*; **could you teach me Dutch?** kunt u mij Nederlands leren? *[nayderlants]*
teacher (*primary*) (*man*) de onderwijzer *[onderveyzer]*; (*woman*) de onderwijzeres *[—ess]*; (*secondary*) (*man*) de leraar *[layrahr]*; (*woman*) de lerares *[—ess]*
team de ploeg *[plooch]*
teapot de theepot *[tay—]*
tea towel een theedoek (*de*) *[taydook]*
teenager de tiener *[teener]*
teetotal(l)er een geheelonthouder (*de*) *[chehaylont-howder]*
telegram een telegram (*het*) *[tayleowram]*; **I want to send a telegram** ik wil een telegram versturen *[vill 'n taylechram verstœruh]*
telephone de telefoon *[telefohn]*; **can I make a telephone call?** kan ik even bellen? *[ayvuh belluh]*; **could you talk to him for me on the telephone?** kunt u namens mij met hem telefoneren? *[koont œ nahmens mey met hem telefohnayruh]*
telephone box/booth een telefooncel (*de*) *[telefohnsell]*
telephone directory het telefoonboek *[telefohnbook]*
telephone number het telefoonnummer *[telefohn-noomer]*; **what's your telephone number?** wat is jouw telefoonnummer? *[vat iss yow]*
telephoto lens de telelens
television de televisie *[tayleveesee]*; **I'd like to watch television** ik zou graag TV willen kijken *[zow chrahch tayvay villuh keykuh]*; **is the match on television?** wordt de wedstrijd op TV uitgezonden? *[vort duh vetstreyt op tayvay owtchezonduh]*
telex: I want to send a telex ik wil een telex versturen *[vill 'n telex verstœruh]*
tell: could you tell him ...? zou u hem willen vertellen ...? *[zow œ hem villuh vertelluh]*
temperature (*weather etc*) de temperatuur *[temperatœr]*; **he has a temperature** hij heeft verhoging *[hey hayft verhohching]*
temporary tijdelijk *[teydeluhk]*
tenant (*of apartment*) de huurder *[hœrder]*
tennis het tennis
tennis ball een tennisbal (*de*)
tennis court de tennisbaan *[—bahn]*; **can we use the tennis court?** kunnen we de tennisbaan gebruiken? *[koonuh wuh duh ... chebrowkuh]*
tennis racket een tennisracket (*het*)
tent de tent
term (*school*) het trimester *[treemester]*
terminus het eindstation *[eyntstashon]*
terrace het terras; **on the terrace** op het terras
terrible verschrikkelijk *[versowrikkeluhk]*
terrific fantastisch *[fantastees]*
testicle de testikel
than dan; **smaller than** kleiner dan
thanks, thank you bedankt, dank u wel *[œ vell]*; **thank you very much** hartelijk bedankt *[harteluhk]*; **thank you for everything** bedankt voor alles *[vohr alluhs]*; **no thanks** nee, dank u *[nay ... œ]*
that: that woman die vrouw *[dee vrow]*; **that man** die man; **that one** die; **I hope that ...** ik hoop dat ...; **that's not ...** dat is niet *[iss neet]*; **that's perfect** dat is perfect; **that's very strange** dat is erg vreemd *[airch vraymt]*; **that's it** (*that's*

right) dat is 't; **is it that expensive?** is het zo duur? *[iss it zo dœr]*
the (*singular*) de, het *[duh, 't, it]*; (*plural*) de; *see page 107*
theatre, theater de schouwburg *[SCHOWboorCH]*
their hun; *see page 109*
theirs van hen; *see page 112*
them hen, hun; **for them** voor hen *[vohr]*; *see page 110*
then toen *[toon]*; (*in that case, after that*) dan
there daar *[dahr]*; **over there** daarginds *[—CHints]*; **up there** daarboven *[—bohvuh]*; **is there ...?** is er ...? *[iss]*; **are there ...?** zijn er ...? *[zeyn]*; **there is ...** er is ...; **there are ...** er zijn ...; **there you are** (*giving something*) alstublieft *[alstœbleeft]*
thermometer de thermometer *[tairmoh-mayter]*
thermos flask een thermosfles (*de*) *[tairmosfless]*
thermostat de thermostaat *[tairmostaht]*
these deze *[dayzuh]*; **can I have these?** kan ik deze hebben? *[hebbuh]*
they ze, zij *[zuh, zey]*; **are they ready?** zijn ze klaar? *[zeyn]*; *see page 110*
thick dik; (*stupid*) dom
thief een dief (*de*) *[deef]*
thigh de dij *[dey]*
thin (*material*) dun; (*person*) mager *[mahCHer]*
thing een ding (*het*); **have you seen my things?** hebt u mijn spullen gezien? *[hebt œ meyn spoolluh CHezeen]*; **first thing tomorrow morning** morgenochtend vroeg *[morCHenoCHtent vrooCH]*
think denken *[denkuh]*; **what do you think?** wat vindt u ervan? *[vat vint œ]*; **I think so** ik denk van wel *[vell]*; **I don't think so** ik denk van niet *[neet]*; **I'll think about it** ik zal erover nadenken *[ik zal airover nah—]*
third party (insurance) de WA-verzekering *[vay-ah verzaykering]*
thirsty: I'm thirsty ik heb dorst
this: this hotel dit hotel; **this street** deze straat *[dayzuh straht]*; **this one** deze; **this is my wife** dit is mijn vrouw *[dit iss meyn vrow]*; **is this yours?** is dit van jou? *[yow]*; **this is ...** (*on phone*) u spreekt met ... *[œ spraykt met]*
those die *[dee]*; **those who ...** zij die *[zey]*; **not these, those** niet deze, die *[neet dayzuh]*
thread de draad *[draht]*
throat de keel *[kayl]*
throat lozenges de keeltabletten *[kayltablettuh]*
throttle (*motorbike, boat*) de smoorklep *[smohr—]*
through door *[dohr]*; **does it go through Rotterdam?** gaat het via Rotterdam? *[CHaht it vee-ah]*; **Monday through Friday** maandag tot en met vrijdag *[tot en met]*; **straight through the city centre** dwars door het centrum van de stad *[dvars dohr it]*
through train een doorgaande trein (*de*) *[dohrCHahnduh treyn]*
throw gooien *[CHoh-yuh]*; **don't throw it away** gooi het niet weg *[CHoy it neet veCH]*; **I'm going to throw up** ik moet overgeven *[moot ohverCHayvuh]*
thumb de duim *[dowm]*
thumbtack de punaise *[pœnaizuh]*
thunder een donderslag (*de*) *[—slaCH]*
thunderstorm de onweersbui *[onvayrs-bow]*
Thursday donderdag *[—daCH]*
ticket het kaartje *[kahrt-yuh]*; (*bus*) de strippenkaart *[strippuh—]*
ticket office (*train, bus*) het loket *[lohket]*; (*theatre*) het bespreekbureau *[bespraykbœroh]*
tide: at low tide bij eb *[bey]*; **at high tide** bij vloed *[bey vloot]*
tie (*necktie*) de stropdas
tight (*clothes*) strak; **the waist is too tight** de taille zit te strak *[duh tal-yuh zit tuh]*
tights de panty (*de*)
time de tijd *[teyt]*; **what's the time?** hoe laat is het? *[hoo laht iss it]*; **at what time do you close?** hoe laat sluit u? *[slowt œ]*; **there's not much time** er is weinig tijd *[veyniCH]*; **for the time being** voorlopig *[vohrlohpiCH]*; **from time to time** van tijd tot tijd; **right on time** precies op tijd *[preseess]*; **this time** deze keer *[dayzuh kayr]*; **last time** de vorige keer *[duh vohriCHuh]*; **next time** de volgende keer *[volCHenduh]*; **four times** vier keer; **have a good time!** veel plezier! *[vayl plezeer]*; *see page 118*
timetable de dienstregeling *[deenstrayCHeling]*

tin (*can*) een blik (*het*)
tinfoil het aluminiumfolie *[—**foh**lee]*
tin-opener een blikopener (*de*)
tint (*hair*) verven *[v**ai**rvuh]*
tiny zeer klein *[zayr kleyn]*
tip de fooi *[foy]*; **does that include the tip?** is de fooi daarbij inbegrepen? *[iss duh ... dahrb**ey** **i**nbeowraypuh]*
tired moe *[moo]*; **I'm tired** ik ben moe
tire (*of car*) de band *[bant]*
tiring vermoeiend *[verm**oo**-yuhnt]*
tissues papieren zakdoekjes *[pap**ee**ruh zakdookyuhs]*
to: to Brussels/England naar Brussel/Engeland *[nahr]*; **to the airport** naar het vliegveld; **here's to you!** (*toast*) op je gezondheid! *[op yuh CHEz**o**ntheyt]*; *see page 118*
toast de toast; (*drinking*) een toost (*de*) *[tohst]*
tobacco de tabak
tobacconist, tobacco store de sigarenwinkel *[seeCH**ah**ruhvinkel]*
today vandaag *[vand**ah**CH]*; **today week** vandaag over een week *['n vayk]*
toe de teen *[tayn]*
toffee de toffee *[t**o**ffay]*
together samen *[s**ah**muh]*; **we're together** wij zijn samen *[vey zeyn]*; **can we pay together?** kunnen we voor ons beiden betalen? *[k**oo**nuh vuh vohr ons b**ey**duh bet**ah**luh]*
toilet het toilet *[tval**e**t]*; **where's the toilet?** waar is het toilet? *[wahr iss it]*; **I have to go to the toilet** ik moet naar het toilet *[moot nahr]*; **she's in the toilet** ze is op de w.c. *[vay-s**ay**]*
toilet paper het toiletpapier *[tval**e**tpapeer]*
toilet water de eau de toilette *[oh duh tval**e**t]*
toll de tol; **bridge toll** de brugtol *[br**oo**CH—]*
tomato een tomaat (*de*) *[tohm**ah**t]*
tomato juice een tomatensap (*het*) *[tohm**ah**tuh—]*
tomato ketchup de tomatenketchup *[tohm**ah**tuh—]*
tomorrow morgen *[m**o**rCHuh]*; **tomorrow morning** morgenochtend *[—**o**CHtent]*; **tomorrow afternoon** morgenmiddag *[—m**i**ddaCH]*; **tomorrow evening** morgenavond *[—**ah**vont]*; **the day after tomorrow** overmorgen; **see you tomorrow** tot morgen
ton een ton (*de*); *see page 120*
toner de toner
tongue de tong
tonic (water) een tonic (*de*)
tonight vanavond *[van**ah**vont]*; **not tonight** vanavond niet *[neet]*
tonsillitis angina (*de*) *[anCH**ee**na]*
tonsils de amandelen *[am**a**ndeluh]*
too te *[tuh]*; (*also*) ook *[ohk]*; **me too** ik ook; **I'm not feeling too good** ik voel me niet erg lekker *[vool muh neet airCH]*
tooth de tand *[tant]*; (*back tooth*) de kies *[keess]*
toothache de kiespijn *[k**ee**sspeyn]*
toothbrush de tandenborstel *[t**a**nduh—]*
toothpaste de tandpasta
top: on top of ... bovenop ... *[b**oh**venop]*; **on top of the car** bovenop de auto; **on the top floor** op de bovenste verdieping *[b**oh**venstuh verd**ee**ping]*; **at the top** bovenaan *[bohven**ah**n]*; **top quality** top kwaliteit *[kvaleet**ey**t]*; **bikini top** het bikini bovenstukje *[b**oh**venstookyuh]*
topless topless
torch de zaklantaarn *[z**a**klantahrn]*
total het totaal *[toht**ah**l]*
touch aanraken *[**ah**nrahkuh]*; **let's keep in touch** we moeten contact houden *[vuh m**oo**tuh ... h**o**wduh]*
tough (*meat*) taai *[tah-i]*; **tough luck!** pech! *[peCH]*
tour een rondreis (*de*) *[r**o**ntreyss]*; **is there a tour of ...?** is er een excursie naar ...? *[exk**oo**rsee nahr]*
tour guide de gids *[CHits]*
tourist een toerist (*de*) *[toor**i**st]*
tourist office het toeristenbureau *[—bœroh]*
touristy: somewhere not so touristy ergens waar het niet zo toeristisch is *[**ai**rCHens vahr 't neet zo toor**i**steess iss]*
tour operator de reisorganisatie *[r**ey**ssorCHahneesahsee]*
tow: can you give me a tow? kunt u me op sleeptouw nemen? *[koont œ muh op sl**ay**ptow n**ay**muh]*
toward(s) in de richting van *[r**i**CHting]*; **toward(s) Groningen** in de richting van Groningen
towel een handdoek (*de*) *[h**a**ndook]*

town een stad (*de*) *[stat]*; (*smaller*) een stadje (*het*) *[statyuh]*; **in town** in de stad; **which bus goes into town?** welke bus gaat naar het centrum? *[velkuh booss CHaht nahr 't]*; **we're staying just out of town** we logeren even buiten de stad *[vuh lohjayruh ayvuh bowtuh]*

town hall het stadhuis *[—howss]*

tow rope het sleeptouw *[slayptow]*

toy een stuk speelgoed (*het*) *[stook spaylCHoot]*

tracksuit het trainingspak

traditional traditioneel *[tradeeshohnayl]*; **a traditional Dutch meal** een traditionele Hollandse maaltijd *[mahlteyt]*

traffic het verkeer *[verkayr]*

traffic circle de rotonde *[rohtonduh]*

traffic cop de verkeersagent *[verkayrsaCHent]*

traffic jam de verkeersopstopping

traffic light(s) de verkeerslichten *[—liCHtuh]*

trailer (*for carrying tent etc*) de aanhangwagen *[ahnhangvahCHuh]*; (*caravan*) de caravan

train de trein *[treyn]*; **when's the next train to ...?** wanneer gaat de volgende trein naar ...? *[vanayr CHaht duh volCHenduh ... nahr]*; **by train** per trein

trainers (*shoes*) de gymschoenen *[CHimsCHoonuh]*

train station het station *[stashon]*

tram de tram

tramp (*person*) de zwerver *[zvairver]*

tranquillizers de kalmerende middelen *[kalmayrenduh middeluh]*

transatlantic transatlantisch *[—lantees]*

transformer de transformator *[—ahtor]*

transistor (*radio*) de transistor

transit desk de transit balie *[bahlee]*

translate vertalen *[vertahluh]*; **could you translate that?** zou u dat kunnen vertalen? *[zow œ dat koonuh]*

translation de vertaling *[vertahling]*

transmission (*of car*) de versnellingsbak

travel reizen *[reyzuh]*; **we're travel(l)ing around** we trekken rond *[vuh trekkuh ront]*

travel agent het reisbureau *[reysbœroh]*

travel(l)er de reiziger *[reyziCHer]*

traveller's cheque, traveler's check de reischeque *[reyss—]*

tray een dienblad (*het*) *[deenblat]*

tree de boom *[bohm]*

tremendous fantastisch *[fantasteess]*

trendy 'in'

tricky (*difficult*) moeilijk *[mooyluhk]*

trim: just a trim please alleen bijknippen alstublieft *[allayn bey-k-nippuh alstœbleeft]*

trip de reis *[reyss]*; **I'd like to go on a trip to ...** ik wil graag een reis maken naar ... *[vill CHrahCH 'n ... mahkuh nahr]*; **have a good trip** goede reis *[CHooduh]*

tripod (*camera*) het statief *[stahteef]*

trouble: the trouble is that ... het probleem is dat ... *[prohblaym]*; **I'm having trouble with ...** ik heb moeilijkheden met ... *[mooyluhkhayduh]*; **sorry to trouble you** het spijt me dat ik u lastig val *['t speyt muh dat ik œ lastiCH val]*

trousers de broek *[brook]*

trouser suit het broekpak *[brookpak]*

trout de forel

truck de vrachtwagen *[vraCHtvahCHuh]*

truck driver de vrachtwagenchauffeur *[vraCHtvahCHuh—]*

true waar *[vahr]*; **that's not true** dat is niet waar *[neet]*

trunk (*of car*) de kofferbak

trunks (*swimming*) de zwembroek *[zvembrook]*

truth de waarheid *[vahrheyt]*; **it's the truth** het is de waarheid

try proberen *[prohbayruh]*; **please try** probeer het alstublieft *[prohbayr it alstœbleeft]*; **will you try for me?** wil jij het voor mij proberen? *[vill yey 't vohr mey]*; **I've never tried it** (*food*) ik heb het nog nooit gegeten *[noCH noyt CHeCHaytuh]*; (*sport*) ik heb het nog nooit gedaan *[CHedahn]*; **can I have a try?** kan ik het eens proberen? *[ayns]*; **may I try it on?** kan ik het passen? *[passuh]*

T-shirt een T-shirt (*het*)

tube (*for car tyre*) de binnenband *[binnuhbant]*

Tuesday dinsdag *[—daCH]*

tuition: I'd like to have tuition ik wil graag les hebben *[vill CHrahCH less hebbuh]*

tulip een tulp (*de*) *[toolp]*

tuna fish de tonijn *[tohneyn]*

tune de melodie *[maylohdee]*

tunnel de tunnel
turn: it's my turn next ik ben hierna aan de beurt *[heernah ahn duh burt]*; **turn left** sla links af *[slah]*; **where do we turn off?** waar moeten we afslaan? *[vahr mootuh vuh afslahn]*; **can you turn the lights on?** kunt u de lichten aandoen? *[koont ꝏ duh licHtuh ahndoon]*; **can you turn the lights off?** kunt u de lichten uitdoen? *[owtdoon]*; **he didn't turn up** hij kwam niet opdagen *[hey kvam neet opdahcHuh]*
turning (*in road*) de bocht *[bocHt]*
TV de TV *[tayvay]*
tweezers het pincet *[pinset]*
twice twee keer *[tvay kayr]*; **twice as much** twee keer zoveel *[zovayl]*
twin beds twee eenpersoonsbedden *[tvay aynpersohnsbedduh]*
twins een tweeling (*de*) *[tvayling]*
twist: I've twisted my ankle ik heb mijn enkel verrekt *[meyn]*
type een soort (*het*) *[sohrt]*; **a different type of ...** een ander soort ...
typewriter de typemachine *[teepmasheenuh]*
typical typisch *[teepeess]*
tyre de band *[bant]*
tyre lever de bandafnemer *[bantafnaymer]*

U

ugly lelijk *[layluhk]*
ulcer een zweer (*de*) *[zvayr]*; (*in mouth*) een mondzweertje (*het*) *[montzvayrtyuh]*
Ulster Ulster *[oolster]*
umbrella de paraplu *[paraplꝏ]*
uncle: my uncle mijn oom *[meyn ohm]*
uncomfortable onbehaaglijk *[onbehahcHluhk]*
unconscious bewusteloos *[bevoostuhlohs]*
under onder
underdone (*food*) niet gaar *[neet cHahr]*
underground (*railway*) de metro
underpants de onderbroek *[onderbrook]*
undershirt het hemd *[hemt]*
understand: I don't understand ik begrijp het niet *[becHreyp 't neet]*; **I understand** ik begrijp het; **do you understand?** begrijpt u het? *[becHreypt ꝏ 't]*
underwear het ondergoed *[ondercHoot]*
undo (*clothes*) losmaken *[lossmahkuh]*
uneatable: it's uneatable het is niet te eten *[it iss neet tuh aytuh]*
unemployed (*adj*) werkeloos *[vairkuhlohs]*
unfair: that's unfair dat is niet eerlijk *[iss neet ayrleyk]*
unfortunately helaas *[haylahss]*
unfriendly onvriendelijk *[onvreendeluhk]*
unhappy ongelukkig *[oncHuhlookkicH]*
unhealthy ongezond *[oncHuhzont]*
United States de Verenigde Staten *[duh veraynicHduh stahtuh]*; **in the United States** in de Verenigde Staten
university de universiteit *[ꝏneevairsiteyt]*
unlimited mileage een onbeperkt aantal kilometers *[in onbuhpairkt ahntal keelomayters]*
unlock: the door was unlocked de deur was niet op slot *[duh durr vass neet op slot]*
unpack uitpakken *[owtpakkuh]*
unpleasant onaangenaam *[onahncHenahm]*
untie losmaken *[lossmahkuh]*
until tot; **until we meet again** tot we elkaar weer zien *[tot vuh elkahr vayr zeen]*; **not until Wednesday** niet voor woensdag *[neet vohr]*
unusual ongewoon *[oncHevohn]*
up: further up the road verderop *[vairderop]*; **up there** daarboven *[dahrbohvuh]*; **he's not up yet** hij is nog niet op *[hey iss nocH neet op]*; **what's up?** wat is er aan de hand? *[vat iss er ahn duh*

hant]

upmarket chic

upset stomach: I have an upset stomach mijn maag is van streek *[meyn mahCH iss van strayk]*

upside down ondersteboven *[onderstuhb**oh**vuh]*

upstairs boven *[b**oh**vuh]*

urgent dringend *[dr**i**nguhnt]*; **it's very urgent** het is erg dringend *[it iss airCH]*

urinary tract infection een urinewegenontsteking (*de*) *[œr**ee**nuh-vayCHuh-ontstayking]*

us ons; **with us** met ons; **for us** voor ons; *see page 110*

use: may I use ...? kan ik ... gebruiken? *[CHebr**ow**kuh]*

used: I used to swim a lot vroeger zwom ik veel *[vr**oo**CHer zvom ik vayl]*; **when I get used to ...** wanneer ik aan ... gewend ben geraakt *[v**a**nnayr ik ahn ... CHev**e**nt ben CHer**ah**kt]*

useful nuttig *[n**oo**ttiCH]*

usual gebruikelijk *[CHebr**ow**keluhk]*; **as usual** zoals gebruikelijk *[zoh-**a**ls]*

usually gebruikelijk *[CHebr**ow**keluhk]*

U-turn: to do a U-turn op de weg keren *[op duh veCH k**a**yruh]*

V

vacancy: do you have any vacancies? hebt u nog kamers vrij? *[hebt œ noCH k**ah**mers vrey]*

vacation: we're here on vacation we zijn hier op vakantie *[vuh zeyn heer op vak**a**nssee]*

vaccination de vaccinatie *[vaksee-n**ah**ssee]*

vacuum cleaner de stofzuiger *[st**o**fzowCHer]*

vacuum flask een thermosfles (*de*) *[t**ai**rmosfless]*

vagina de vagina *[vaCH**ee**nah]*

valid geldig *[CH**e**ldiCH]*; **how long is it valid for?** hoe lang is het geldig? *[hoo lang iss 't]*

valley het dal

valuable (*adj*) waardevol *[v**ah**rduhvoll]*; **can I leave my valuables here?** kan ik mijn kostbaarheden hier achterlaten? *[meyn k**o**stbahrhayduh heer **a**CHterlah-tuh]*

value de waarde *[v**ah**rduh]*

van: delivery van de bestelwagen *[best**e**llvahCHuh]*

vanilla vanille *[van**ee**l-yuh]*; **vanilla ice cream** vanille-ijs *[eyss]*

varicose veins de spataders *[sp**a**tahders]*

variety show een variété-voorstelling (*de*) *[varee-yuht**ay**-vohrstelling]*

vary: it varies het verschilt *[it versCH**i**lt]*

vase de vaas *[vahss]*

vaudeville een vaudeville (*de*) *[v**oh**duhveel]*

VD de geslachtsziekte *[CHesl**a**CHtzeektuh]*

veal het kalfsvlees *[k**a**l-fsvlayss]*

vegetables de groenten *[CHr**oo**ntuh]*

vegetarian een vegetariër *[vayCHet**ah**ree-yer]*; **I'm a vegetarian** ik ben vegetariër

vegetarian restaurant een vegetarisch restaurant *[vayCHet**ah**reess restor**a**nt]*

velvet het fluweel *[flœv**ay**l]*

vending machine de automaat *[owtom**ah**t]*

ventilator de ventilator *[ventil**ah**tor]*

verruca een wrat (*de*) *[vratt]*

very erg *[airCH]*; **just a very little Dutch** maar heel weinig Nederlands *[mahr hayl v**ey**niCH n**ay**derlants]*; **just a very little for me** maar een klein beetje voor mij *[mahr 'n kleyn b**ay**tyuh vohr mey]*; **I like it very much** ik hou er erg van *[how er airCH]*; (*food*) ik vind het erg lekker *[vint 't airCH]*

vest een hemd (*het*); (*waistcoat*) een vest (*het*)

via via *[v**ee**-ah]*

video (*recorder*) de video-recorder; (*cassette*) de videocassette

view het uitzicht *[**OW**tziCHt]*; **what a**

superb view! wat een prachtig uitzicht! *[vat 'n prachtich]*
viewfinder de zoeker *[zooker]*
villa een villa (*de*)
village het dorp; (*small*) het dorpje *[dorpyuh]*
vinegar de azijn *[azeyn]*
vintage de wijnoogst *[veynohchst]*
vintage wine de kwaliteitswijn *[kvahleeteytsveyn]*
visa het visum *[veesoom]*
visibility het zicht *[zicht]*
visit bezoeken *[bezookuh]*; **I'd like to visit ...** (*people*) ik zou graag ... bezoeken *[zow chrahch]*; (*places*) ik zou graag een bezoek willen brengen aan ... *[in bezook villuh brenguh ahn]*; **come and visit us** kom eens op bezoek *[ayns op bezook]*
vital: it's vital that ... het is van essentieel belang dat ... *[it iss van essenshayl belang]*
vitamins de vitaminen *[veetameenuh]*
vodka een wodka (*de*) *[v—]*
voice de stem
voltage het voltage *[voltahjuh]*
vomit overgeven *[overchayvuh]*

wafer een wafel (*de*) *[vahfel]*
waist de taille *[tal-yuh]*
waistcoat het vest
wait wachten *[vachtuh]*; **wait for me** wacht op mij *[vacht op mey]*; **don't wait for me** wacht niet op mij *[neet]*; **it was worth waiting for** het wachten was de moeite waard *[it vachtuh vass duh mooy-tuh vahrt]*; **I'll wait till my wife comes** ik wacht tot mijn vrouw komt *[meyn vrow komt]*; **I'll wait a little longer** ik wacht nog een poosje *[noch 'n pohsyuh]*; **can you do it while I wait?** kunt u het doen terwijl ik wacht? *[koont ꝏ 't doon terveyl]*
waiter de kelner; **waiter!** ober!
waiting room de wachtkamer *[vachtkahmer]*
waitress de kelnerin; **waitress!** juffrouw! *[yoofrow]*
wake: will you wake me up at 6.30? kunt u mij om 6.30 wekken? *[koont ꝏ mey om ... vekkuh]*
Wales Wales
walk: let's walk there laten we er heen lopen *[lahtuh vuh er hayn lohpuh]*; **is it possible to walk there?** is het mogelijk om er te voet heen te gaan? *[iss 't mohcheluhk om er tuh voot hayn tuh chahn]*; **I'll walk back** ik loop terug *[lohp terooch]*; **is it a long walk?** is het een lange wandeling? *[iss 't 'n languh vandeling]*; **it's only a short walk** het is maar een korte wandeling *[mahr 'n kortuh]*; **I'm going out for a walk** ik ga een eindje wandelen *[chah 'n eyntyuh]*; **let's take a walk around town** laten we een wandeling door de stad maken *[dohr duh stat mahkuh]*
walking: I want to do some walking ik will wat wandeltochten maken *[vill vat vandeltochtuh mahkuh]*
walking boots de wandelschoenen *[vandelschoonuh]*
walking stick de wandelstok *[vandelstok]*
walkman (*tm*) een walkman (*de*)
wall de muur *[mꝏr]*
wallet de portefeuille *[portefuh-yuh]*
wander: I like just wandering around ik hou ervan om gewoon wat rond te zwerven *[how ervan om chevohn vatt ront tuh zvairvuh]*
want: I want a ... ik wil graag een ... *[vill chrahch 'n]*; **I don't want any ...** ik wil geen ... *[vill chayn]*; **I want to go home** ik wil naar huis *[nahr howss]*; **but I want to** maar ik wil het *[mahr ik vill 't]*; **I don't want to** ik wil niet *[neet]*; **he wants to ...** hij wil ... *[hey]*; **what do you want?** wat wil je? *[vat vill yuh]*
war de oorlog *[ohrloch]*

ward (*in hospital*) de zaal *[zahl]*
warm warm *[varm]*; **it's so warm today** het is zo warm vandaag *[it iss zo … vandahCH]*; **I'm so warm** ik heb het zo warm *['t zo varm]*
warning een waarschuwing (*de*) *[vahrsCHœving]*
was was *[vass]*; **it was …** het was … *[it]*
wash wassen *[vassuh]*; **I need a wash** ik moet me wassen *[moot muh]*; **can you wash the car?** kunt u de auto wassen? *[koont œ duh owtoh]*; **can you wash these?** kunt u deze dingen wassen *[dayzuh]*; **it'll wash off** (*stain etc*) het gaat er in de was wel uit *[it CHaht er in duh vass vell owt]*
washcloth een washandje (*het*) *[vass-hantyuh]*
washer (*for tap*) een leertje (*het*) *[layrtyuh]*
washhand basin de wasbak *[vassbak]*
washing (*clothes*) de was *[vass]*; **where can I hang my washing?** waar kan ik mijn was ophangen? *[vahr kan ik meyn vass op-hanguh]*; **can you do my washing for me?** kunt u de was voor mij doen? *[koont œ … vohr mey doon]*
washing machine een wasmachine (*de*) *[vassmasheenuh]*
washing powder de waspoeder *[vasspooder]*
washing-up: I'll do the washing-up ik doe de afwas *[doo duh afvass]*
washing-up liquid het afwasmiddel *[afvassmiddel]*
wasp een wesp (*de*) *[vesp]*
wasteful: that's wasteful dat is een verkwisting *[dat iss 'n verkvisting]*
wastepaper basket de prullenmand *[proolluhmant]*
watch (*wrist-*) een horloge (*het*) *[horlohjuh]*; **will you watch my things for me?** wilt u op mijn spullen letten? *[vilt œ op meyn spoolluh lettuh]*; **I'll just watch** ik kijk alleen maar toe *[keyk allayn mahr too]*; **watch out!** kijk uit! *[keyk owt]*
watch strap een horlogebandje (*het*) *[horlohjuhbantyuh]*
water het water *[vahter]*; **may I have some water?** kan ik wat water krijgen *[vat … kreyCHuh]*
watercolo(u)r (*painting*) een aquarel (*de*)
waterproof waterdicht *[vahterdiCHt]*
waterski: I'd like to learn to waterski ik zou graag leren waterskiën *[zow CHrahCH layruh vahterskee-yuh]*
waterskiing waterskiën *[vahterskee-yuh]*
water sports de watersport *[vahtersport]*
water wings de zwemvlinders *[zvem—]*
wave (*sea*) de golf *[CHolf]*
way: which way is it to …? hoe kom ik naar …? *[hoo … nahr]*; **it's this way** het is deze kant uit *[dayzuh … owt]*; **it's that way** het is die kant uit *[dee]*; **could you tell me the way to …?** kunt u mij de weg wijzen naar …? *[koont œ mey duh veCH veyzuh nahr]*; **is it on the way to Maastricht?** is het op de weg naar Maastricht? *[iss 't op duh veCH nahr]*; **you're blocking the way** u verspert de weg *[œ verspairt duh veCH]*; **is it a long way to …?** is het ver naar …? *[iss 't vair nahr]*; **would you show me the way to do it?** kunt u mij laten zien hoe het moet? *[koont œ mey lahtuh zeen hoo 't moot]*; **do it this way** doe het op deze manier *[doo 't op dayzuh maneer]*; **we want to eat the Dutch way** we willen Hollands eten *[vuh villuh hollants aytuh]*; **no way!** vergeet het maar! *[verCHayt 't mahr]*
we wij, we *[vey, vuh]*; *see page 110*
weak (*person*) zwak *[zvak]*
wealthy rijk *[reyk]*
weather het weer *[vayr]*; **what foul weather!** wat een hondeweer! *[vat 'n honduhvayr]*; **what beautiful weather!** wat een heerlijk weer! *[vat 'n hayrluhk vayr]*
weather forecast het weerbericht *[vayrberiCHt]*
wedding de bruiloft *[browloft]*
wedding anniversary: today is our wedding anniversary vandaag is het onze trouwdag *[vandahCH iss 't onzuh trowdaCH]*
wedding ring de trouwring *[trowring]*
Wednesday woensdag *[voonsdaCH]*
week een week (*de*) *[vayk]*; **a week (from) today** vandaag over een week *[vandahCH over 'n vayk]*; **a week (from) tomorrow** morgen over een week *[morCHuh]*; **Monday week** maandag over een week
weekend: at/on the weekend tijdens het weekend *[teyduhns 't veekent]*
weight het gewicht *[CHeviCHt]*; **I want to**

lose weight ik wil afvallen *[vill **a**fvalluh]*
weight limit het maximumgewicht *[m**a**xeemoomCHeVICHt]*
weird raar *[rahr]*
welcome: welcome to ... welkom in ... *[velkom]*; **you're welcome** graag gedaan *[CHrahCH CHed**ah**n]*
well: I don't feel well ik voel me niet lekker *[vool muh neet lekker]*; **I haven't been very well lately** ik voel me de laatste tijd niet zo goed *[duh l**ah**tstuh teyt neet zo CHoot]*; **she's not well** ze is niet erg lekker *[zey iss neet airCH]*; **how are you? — very well, thanks** hoe gaat het met u? — uitstekend, dank u *[owtstaykent dank œ]*; **you speak English very well** u spreekt erg goed Engels *[œ spraykt airCH CHoot]*; **me as well** ik ook *[ohk]*; **well done!** goed zo! *[CHoot zo]*; **well, ...** nou ja ... *[now yah]*; **well well!** wel, wel! *[vell vell]*
well-done (*steak*) goed doorbakken *[CHoot dohrb**a**kkuh]*
wellingtons de rubberlaarzen *[r**oo**ber-lahrzuh]*
Welsh: he is Welsh hij komt uit Wales *[hey komt owt]*
were (*sing*) was *[vass]*; (*pl*) waren *[v**ah**ruh]*
west het westen *[v**e**stuh]*; **to the west** naar het westen *[nahr]*
West Indian Westindisch *[vest**i**ndeess]*
West Indies West-Indië *[vest **i**ndee-yuh]*
wet nat; **it's all wet** het is helemaal nat *[it iss h**ay**luhmahl]*; **it's been wet all week** het heeft de hele week geregend *[it hayft duh h**ay**luh vayk CHer**ay**CHent]*
wet suit een duikpak (*het*) *[d**o**wkpak]*
what? wat? *[vat]*; **what's that?** wat is dat? *[vat iss dat]*; **I don't know what to do** ik weet niet wat ik moet doen *[vayt neet vat ik moot doon]*; **what a view!** wat een uitzicht! *[vat 'n]*
wheel het wiel *[veel]*
wheelchair de rolstoel *[r**o**lstool]*
when? wanneer? *[van**a**yr]*; **when does the train leave?** hoe laat vertrekt de trein *[hoo laht]*; **when we get back** wanneer we terugkomen *[vuh ter**oo**CHkohmuh]*
where? waar? *[vahr]*; **where is ...?** waar is ...? *[iss]*; **I don't know where he is** ik weet niet waar hij is *[vayt neet vahr hey iss]*; **that's where I left it** ik heb het daar laten liggen *[ik heb 't dahr l**ah**tuh l**i**CHuh]*
which: which bus? welke bus? *[v**e**lkuh booss]*; **which one?** welke?; **which is yours?** welke is van jou? *[iss van yow]*; **I forget which it was** ik ben vergeten welke het was *[verCH**ay**tuh ... 't vass]*; **the one which ...** degene die ... *[deCH**ay**nuh dee]*
while: while I'm here terwijl ik hier ben *[terv**ey**l ik heer ben]*
whipped cream de slagroom *[sl**a**CHrohm]*
whisky een whisky (*de*)
whisper fluisteren *[fl**ow**steruh]*
white wit *[vitt]*
white wine de witte wijn *[v**i**ttuh veyn]*
Whitsun Pinksteren *[p**i**nksteruh]*
who? wie? *[vee]*; **who was that?** wie was dat? *[vee vass dat]*; **the man who ...** de man die ... *[duh man dee]*
whole: the whole week de hele week *[duh h**ay**luh vayk]*; **two whole days** twee hele dagen *[d**ah**CHuh]*; **the whole lot** alles *[**a**lluhs]*
whooping cough de kinkhoest *[k**i**nkhoost]*
whose: whose is this? van wie is dit? *[van vee iss dit]*
why? waarom? *[v**ah**rom]*; **why not?** waarom niet *[neet]*; **that's why it's not working** daarom werkt het niet *[d**ah**rom verkt 't neet]*
wide wijd *[veyt]*
wide-angle lens een groothoeklens (*de*) *[CHr**oh**t-hooklens]*
widow de weduwe *[v**ay**dœvuh]*
widower de weduwnaar *[v**ay**dœnahr]*
wife: my wife mijn vrouw *[meyn vrow]*
wig een pruik (*de*) *[prowk]*
will: will you give this to him? wilt u het aan hem geven? *[vilt œ]*; *see page 116*
win winnen *[v**i**nnuh]*; **who won?** wie heeft er gewonnen? *[vee hayft er CHev**o**nnuh]*
wind de wind *[vint]*
windmill de windmolen *[v**i**ntmohluh]*
window het raam *[rahm]*; (*of shop*) de etalage *[aytal**ah**juh]*; **near the window** bij het raam *[bey 't]*; **in the window** (*of shop*) in de etalage *[in duh]*
window seat een plaats bij het raam *[in plahts bey it rahm]*
windscreen, windshield de voorruit *[v**oh**rrowt]*
windscreen wipers, windshield

wipers de ruitewissers *[rowtuhvissers]*
windsurf: I'd like to windsurf ik zou graag windsurfen *[zow CHrahCH vintsoorfuh]*
windsurfing windsurfen *[vintsoorfuh]*
windy: it's so windy het is zo winderig *[it iss zo vinderiCH]*
wine de wijn *[veyn]*; **can we have some more wine?** kunnen we nog wat wijn krijgen? *[koonuh vey noCH vat veyn kreyCHuh]*
wine glass het wijnglas *[veynCHlass]*
wine list de wijnkaart *[veynkahrt]*
wine-tasting het wijn proeven *[veyn proovuh]*
wing de vleugel *[vlurCHel]*; (*of car*) het spatbord *[spatbort]*
wing mirror de buitenspiegel *[bowtuhspeeCHel]*
winter de winter; **in the winter** 's winters *[svinters]*
winter holiday een wintervakantie (*de*) *[vintervakanssee]*
wire de ijzerdraad *[eyzerdraht]*; (*elec*) het snoer *[snoor]*
wireless de radio *[rahdee-oh]*
wiring (*in house*) de bedrading *[bedrahding]*
wish: wishing you were here ik wou dat je hier was *[wow dat yuh heer vass]*; **best wishes** de beste wensen *[bestuh vensuh]*
with met; **I'm staying with ...** ik logeer bij ... *[lojayr bey]*
without zonder
witness een getuige (*de*) *[CHetowCHuh]*; **will you be a witness for me?** wilt u mijn getuige zijn? *[vilt œ meyn ... zeyn]*
witty (*person*) geestig *[CHaystiCH]*
wobble: the wheel wobbles het wiel wiebelt *[it veel veebelt]*
woman een vrouw (*de*) *[vrow]*; **women** de vrouwen *[vrowuh]*
wonderful prachtig *[praCHtiCH]*
won't: the car won't start de auto wil niet starten *[duh owtoh vill neet startuh]*; *see page 116*
wood (*material*) het hout *[howt]*
woods (*forest*) de bossen *[bossuh]*
wool de wol *[voll]*
word het woord *[vohrt]*; **what does that word mean?** wat betekent dat woord? *[vat betaykuhnt dat]*; **you have my word** ik geef je mijn woord *[CHayf yuh meyn]*
work werken *[vairkuh]*; **how does it work?** hoe werkt het? *[hoo verkt 't]*; **it's not working** het werkt niet *['t ... neet]*; **I work in an office** ik werk op een kantoor *[vairk op 'n kantohr]*; **do you have any work for me?** hebt u werk voor mij? *[hebt œ ... vohr mey]*; **when do you finish work?** hoe laat ben je klaar met je werk? *[hoo laht ben yuh klahr met yuh vairk]*
world de wereld *[vayrelt]*
worn-out (*person*) doodop *[dohtop]*; (*clothes, shoes*) versleten *[verslaytuh]*
worry: I'm worried about her ik maak me zorgen over haar *[mahk muh zorCHuh over hahr]*; **don't worry** maak je geen zorgen *[yuh CHayn]*
worse: it's worse het is erger *[it iss airCHer]*; **it's getting worse** het wordt steeds erger *[it vort stayts airCHer]*
worst het ergste *[it airCHstuh]*
worth: it's not worth 50 guilders het is geen 50 gulden waard *[it iss CHayn ... vahrt]*; **it's worth more than that** het is meer waard dan dat *[it iss mayr]*; **is it worth a visit?** is het de moeite waard om het te bezoeken? *[iss 't duh mooy-tuh vahrt om 't tuh bezookuh]*
would: would you give this to ...? zou u dit aan ... kunnen geven? *[zow œ dit ahn ... koonuh CHayvuh]*; **what would you do?** wat zou u doen? *[vat zow œ doon]*
wrap: could you wrap it up? kunt u het inpakken? *[koont œ 't inpakkuh]*
wrapping de verpakking
wrapping paper het inpakpapier *[inpakpapeer]*
wrench (*tool*) de schroefsleutel *[sCHroofslurtel]*
wrist de pols
write schrijven *[sCHreyvuh]*; **could you write it down?** kunt u het opschrijven? *[koont œ 't opsCHreyvuh]*; **how do you write it?** hoe schrijf je het? *[hoo sCHreyf yuh 't]*; **I'll write to you** ik zal je schrijven *[zal yuh]*; **I wrote to you last month** ik heb je vorige maand geschreven *[yuh vohriCHuh mahnt CHesCHrayvuh]*
write-off (*car*) een total-loss
writer de schrijver *[sCHreyver]*
writing paper het schrijfpapier

[sCHreyfpapeer]

wrong: you're wrong je vergist je *[yuh verCHist yuh]*; **the bill's wrong** de rekening klopt niet *[duh raykening klopt neet]*; **sorry, wrong number** sorry, ik ben verkeerd verbonden *[verkayrt verbonduh]*; **you have the wrong number** u bent verkeerd verbonden *[œ]*; **I'm on the wrong train** ik zit in de verkeerde trein *[duh verkayrduh treyn]*; **I went to the wrong room** ik ging naar de verkeerde kamer *[CHing nahr duh verkayrduh kahmer]*; **that's the wrong key** dat is niet de goede sleutel *[dat iss neet duh CHooduh slurtel]*; **there's something wrong with ...** er is iets mis met ... *[er iss eets miss met]*; **what's wrong?** wat mankeert eraan? *[vat mankayrt erahn]*; **what's wrong with it?** wat is er fout aan? *[vat iss er fowt ahn]*

XYZ

X-ray een röntgenfoto (*de*) *[roontCHenfohtoh]*

yacht het jacht *[yaCHt]*
yacht club de jachtclub *[yaCHtkloob]*
yard: in the yard in de tuin *[town]*; *see page 119*
year het jaar *[yahr]*
yellow geel *[CHayl]*
yellow pages de gouden gids *[CHowduh CHits]*
yes ja *[yah]*
yesterday gisteren *[CHisteruh]*; **yesterday morning** gistermorgen *[CHistermorCHuh]*; **yesterday afternoon** gistermiddag *[CHistermiddaCH]*; **the day before yesterday** eergisteren *[ayrCHisteruh]*
yet: has it arrived yet? is het al gearriveerd? *[iss 't al CHe-arrivayrt]*; **not yet** nog niet *[noCH neet]*
yobbo een nozem *[nohzum]*
yog(h)urt een yoghurt (*de*) *[yoCHurt]*
you (*sing. familiar*) jij *[yey]*, je *[yuh]*; (*pl. familiar*) jullie *[yoollee]*; (*sing. and pl. polite*) u *[œ]*; **for you** voor jou/jullie/u *[yow]*; *see pages 110, 111*
young jong *[yong]*; **young people** jonge mensen *[yong-uh mensuh]*
your (*sing. familiar*) jouw *[yow]*, je *[yuh]*; (*pl. familiar*) jullie *[yoollee]*; (*sing. and pl. polite*) uw *[oow]*; *see page 109*
yours (*sing. familiar*) van jou *[van yow]*; (*pl. familiar*) van jullie *[yoollee]*; (*sing. and pl. polite*) van u *[œ]*; *see page 112*
youth hostel de jeugdherberg *[yurCHt-hairbairCH]*; **we're youth hostel(l)ing** we trekken langs jeugdherbergen *[vuh trekkuh langs yurCHt-hairbairCHuh]*
Yugoslavia Joegoslavië *[yooCHoslahveeyuh]*

zero nul *[nool]*; **it's below zero** het is onder nul *[it iss onder nool]*
zip, zipper de ritssluiting *[ritsslowting]*; **could you put a new zip on?** kunt u er een nieuwe ritssluiting inzetten? *[koont œ er'n 'new'-uh ... inzettuh]*
zoo de dierentuin *[deeruhtown]*
zoom lens de zoomlens

Dutch – English

A

a (aan) to
aalbessen *[ahlbessuh]* (black, red or white) currants
aanbieding offer
aan de kassa betalen *[ahn de kassah betahluh]* pay at the cashdesk
aangenaam *[ahnCHenahm]* pleased to meet you
aangifte radio/T.V. radio and T.V. licences/licenses
aankomsthal arrivals hall
aantal number (of)
aantekenen registration
aardappelen *[ahrdappeluh]* potatoes
aardappelpuree *[ahrdappelpoorey]* mashed potatoes
aardbeien *[ahrtbeyuh]* strawberries
aardewerk earthenware
abdij abbey
abonnementen season tickets
abrikoos *[abreekohss]* apricot
abrikozencompote *[abreekohzuhkompot]* stewed apricots
abrikozenjam *[abrikohzuhjem]* apricot jam
abrikozenvlaai *[abreekohzuhvlah-i]* apricot flan/tart
acc. (accepti) received
achternaam surname, family name
advocaat *[advokaht]* advocaat, egg-nog
afdeling department
afgeprijsd reduced
afgesproken *[afCHesprohkuh]* agreed
afhalen giropassen collection girobank cards
afstand houden keep your distance
a.h.v. (algemene handels voorwaarden) general trade conditions
ajam *[ayam]* chicken
alarmbel alarm bell
alleen op dokter's voorschrift only on prescription
alleen volgens voorschrift only on prescription
alleen voor uitwendig gebruik for external use only
alle richtingen all directions
alles inbegrepen everything included
allesreiniger all-purpose cleaner
alstublieft *[alstoobleeft]* please
amandelen *[amandeluh]* almonds
ambassade embassy
americain préparé *[amayreekan prayparay]* raw minced/ground steak with egg, herbs and seasoning
amerikaanse biefstuk *[amayrikahnsuh beefstook]* hamburger with fried egg
ananas *[anahnas]* pineapple
andere richtingen other directions
andijvie *[andeyvee]* endive
andijvie a la crème *[andeyvee a la krem]* cooked endive in cream sauce
anestesist an(a)esthetist
anijslikeur *[aneyslikurr]* anisette
anijssuiker *[aneys-sowker]* anise-flavo(u)red sugar
ansjovissen *[anshohvissuh]* anchovies
antiekwinkel, antiquair antiques
A.N.W.B. (Algemene Nederlandse Wielrijders Bond) Dutch motoring organization
aparte bedden separate beds
apart wassen wash separately
apotheek dispensing chemist's, pharmacy
appelcompote *[appelkompot]* stewed apples
appelflap *[appelflap]* apple turnover
appelgelei *[appeljeley]* apple jelly
appelmoes *[appelmoos]* apple sauce
appelpannekoek *[appelpannuhkook]* pancake with apple
appelsap *[appelsap]* apple juice
appelstroop *[appelstrohp]* kind of treacle made with apples
appelstrudel *[appelshtroodl]* apple strudel
appeltaart (met slagroom) *[appeltahrt (met slaCHrohm)]* applecake (with whipped cream)
a.p.v. (algemene politie verordening)

general police order
ardennerham *[ardenner-ham]* Ardenne ham (*smoked*)
ardenner worst *[ardenner vorst]* Ardenne sausage
artisjok *[artishok]* artichoke
arts doctor
a.s. (aanstaande) next
asperges *[aspairjuhs]* asparagus
assem *[assem]* tamarind
atjar tampoer *[atyar tampoor]* mixed Indonesian pickles
a.u.b. (alstublieft) please
aubergine *[ohberjeen]* aubergine, eggplant
augurken *[owCHoorkuh]* gherkins
au jus *[oh jœ]* cooked in gravy
autobanden car tyres/tires
automatische slagboom automatic barrier
auto-onderdelen spare parts
azijn *[azeyn]* vinegar

B

baars *[bahrs]* bass (*fish*)
badkamer bathroom
badplaats seaside resort
bagage luggage, baggage
bagagekluis baggage locker
bak-en braadvet *[bak-en brahtvet]* cooking fat
baklappen *[baklappuh]* frying steak
bakpoeder *[bakpooder]* baking powder
balkenbrij *[balkenbrey]* white pudding
balkon balcony, upper circle
bami goreng *[bahmi goreng]* Indonesian fried noodle dish with different kinds of meat and vegetables
bamivlees *[bahmeevlayss]* diced pork
banaan *[banahn]* banana
bankbiljet banknote, bill
banketbakker's room *[banketbakkers rohm]* confectioner's custard
banketletter *[banketletter]* puff pastry with almond filling
basilicum *[baseelikum]* basil
basistarief basic tariff
béarnaise saus *[bayarneys sowss]* sauce hollandaise with tarragon vinegar, chopped tarragon or chervil
becel (*tm*) *[baysell]* margarine made from unsaturated vegetable oils
bedankt *[bedankt]* thanks
beddegoed bedding
bediening service
bediening niet inbegrepen service not included
bedrijfsleider manager
begane grond (*UK*) ground floor, (*USA*) first floor
begijnhof homes for lay sisters
behang en verf winkel home decorating shop/store
bel 0018 voor informatie voor het buitenland dial 0018 for international information
belastingvrije winkel duty free shop
belegen kaas *[belayCHuh kahss]* mature cheese
beleggen investments
benzinepomp petrol/gas pump
benzinestation petrol/gas station
ben zo terug back in a minute
beperking verkeer door opdooi restricted traffic because of thaw
beperkt houdbaar may be kept for a limited period only
berliner leverworst *[berleener layvervorst]* type of liver sausage
beschikbaar available
beschuit *[besCHowt]* type of rusk
bessenjenever *[bessuhyenayver]* blackcurrant liqueur
bessensap *[bessuhsap]* red-/blackcurrant juice
bestelbrief written order
bestellingen deliveries
bestemmingen in rood overstappen in ... destinations coded in red change at ...
beurs stock exchange/market
bevat ...% meervoudig (on)verza-

digde zuren contains ...% poly(un)saturated fats
bevat ...% vetvrije en watervrije bestanddelen contains ...% fat-free and water-free ingredients
bevat geen kleurstof no artificial colo(u)ring
bezet engaged, occupied
bezichtigen view
bezienswaardigheden sights
b.g.g. (bij geen gehoor) if there is no answer
biefstuk *[beefstook]* beef steak
biefstuk-goed doorbakken *[beefstook CHoot dohrbakkuh]* well-done steak
biefstuk saignant *[seynyan]* rare steak
biefstuk van de haas *[beefstook van de hahss]* fillet steak
biefstuk van de lende *[beefstook van de lenduh]* rumpsteak, sirloin
bier van het vat *[beer van it vat]* draught/draft beer
bieslook *[beeslohk]* chives
bieten *[beetuh]* beetroot, red beet
bijbetaling supplementary payment
bij uitbetalingen legitimatie-bewijs gereedhouden please have identification ready when withdrawing money
bij weigering knop indrukken in case of refusal press button
binnen een uur weer aanwezig back in an hour
binnenlands national, inland
binnenlandse vluchten domestic flights
bitterballen *[bitterballuh]* hot savo(u)ry forcemeat cocktail snacks
bitterkoekjespudding *[bitterkookyuhs-pudding]* almond macaroons mixed into a milk pudding
blauwe zone: parkeren alleen met parkeerschijf blue zone: parking only with parking disk
blauwgekookte forel *[blowCHekohktuh forel]* blue trout
bleekmiddel bleach
bleekselderij *[blaykselderee]* celery
blik tin, can
blinde vinken *[blinduh vinkuh]* rolled slice of veal stuffed with minced meat/ground beef
bloedworst *[blootvorst]* blackpudding, blood sausage
bloemenzaak, bloemenwinkel florist
bloemkool *[bloomkohl]* cauliflower
boeken en tijdschriften books and magazines
boekwinkel bookshop, bookstore
boerenham *[booruh-ham]* smoked ham
boerenjongens *[boorehyongens]* raisins soaked in brandy
boerenkaas *[booruhkahss]* farmhouse cheese
boerenkool *[booruhkohl]* Scotch kale
boerenkoolstamppot met rookworst *[booruhkohlstampot met rohkvorst]* mashed potatoes and Scotch kale with smoked sausage
boerenleverworst *[booruhlayvervorst]* coarse liver sausage
boerenmeisjes *[booremeyshuhs]* apricots in brandy
boerenmetworst *[booruhmetvorst]* coarse sausage
boerenomelet *[booruhomelet]* omelet(te) with potatoes and bacon
boetiek boutique
b.o. gesprek collect call, reverse charge call
boheemse saus *[bohaymsuh sowss]* bechamel sauce with mayonnaise
bokking (gerookte) *[bokking (CHerohk-tuh)]* red herring (smoked)
bokking (verse) *[bokking (vairsuh)]* bloater
bollenvelden bulb fields
bonensla *[bohnuhslah]* bean salad
bonte was colo(u)reds
bonthandelaar furrier
borrelnootjes *[borrelnohtyuhs]* cocktail nuts
borstfilet *[borstfeelay]* fillet of breast
bosbessen *[bosbessuh]* bilberries
bossen woods
bot flounder
boterham *[bohterham]* slice of bread and butter, sandwich
boterham met ... *[bohterham met ...]* ... sandwich
boterham met kaas *[bohterham met kahss]* cheese sandwich
boterhamworst *[bohterhamvorst]* sliced sausage to put on bread
boterletter *[bohterletter]* roll of puff pastry with almond paste filling
bouillon *[boolyon]* stock, consommé
braadlappen *[brahtlappuh]* sandwich

steak
braadworst *[brahtvorst]* German sausage
bramen *[brahmuh]* blackberries
brandblusapparaat fire extinguisher
brandewijn *[branduhveyn]* brandy
brandgevaar fire risk
brandkasten op dit station zijn voorzien van tijdsloten lockers at this station have timelocks
brandweerkazerne fire station
brasem *[brahsem]* bream
breiwerk knitting
briefje van vijf/tien/vijfentwintig five/ten/twenty-five guilder note/bill
briefkaarten postcards
brievenbus letterbox, mailbox
bromfietsen mopeds
brood *[broht]* bread
brood en banket baker and confectioner
broodje *[brohtyuh]* roll
broodje kaas *[brohtyuh kahss]* cheese roll
bruin café pub, local bar
bruine bonen *[brownuh bohnuh]* dried brown beans
bruine bonensoep *[brownuh bohnuh-soop]* brown bean soup
bruine boter *[brownuh bohter]* browned butter with a little vinegar
bruine suiker *[brownuh sowker]* brown sugar
B.T.W. (belasting op toegevoegde waarde) VAT (value added tax)
buiten gebruik out of order
buiten het bereik van kinderen bewaren keep out of the reach of children
buitenland abroad
buitenlands geld foreign money
bushalte bus stop
buurtcafé local pub, bar
b.v. (bijvoorbeeld) for example

C

café pub, restaurant, café
cafetaria cafeteria
caramelpudding caramel custard
casseler rib salted smoked rib of pork
cassis blackcurrant cordial
cervelaatworst *[sairvelahtvorst]* saveloy sausage
champignon *[shampeenyon]* mushroom
champignonsoep *[shampeenyonsoop]* mushroom soup
chantilly saus *[shanteeyee sowss]* mayonnaise with whipped cream
chemisch reinigen dry-clean
chinese fondue *[sheenaysuh]* individual portions of vegetable/meat dipped in boiling water
chinese kool *[sheenaysuh kohl]* Chinese cabbage leaves
chips crisps, potato chips
chirurg surgeon
chocolade hagelslag *[shokolahduh hahCHelslaCH]* chocolate vermicelli
chocoladepasta *[shokolahduhpastah]* chocolate spread
chocoladevla *[shokolahduhvlah]* chocolate dessert
chocolade vlokken *[shokolahduh vlokkuh]* chocolate flakes
chocolaterie chocolate shop/store
chocomel *[shohkohmel]* popular canned or bottled chocolate drink
citroen *[sitroon]* lemon
citroensap *[sitroonsap]* lemon juice
citroenthee *[sitroontay]* lemon tea
citroenvla *[sitroonvlah]* lemon custard, lemon mousse
coburgerham *[koburCHer-ham]* Coburg ham
compote *[kompot]* stewed fruit
conferentiezaal conference room
conserveringsmiddel preservative
consulaat consulate
contrefilet *[kontr-feelay]* rump steak
coupon remnant, dress or skirt length
couponbehandeling stocks and shares transactions
couvert cover charge
croquetje *[kroketyuh]* croquette

C.S. (centraal station) central station
c.v. (centrale verwarming) central heating
C.V. (coöperatieve vereniging, commandataire vennootschap) cooperative society, limited partnership

D

dadels *[dahdels]* dates
dag *[dacH]* bye-bye; hello
dagelijks vers gesneden groente freshly cut vegetables daily
dagretourtje day return ticket/roundtrip ticket
dagschotel *[dacHscHohtel]* today's special
dalurenkaart season ticket for off-peak travel
dame blanche *[dahm blansh]* ice cream with chocolate sauce
dames ladies, ladies' restroom
dameskapper ladies' hairdresser
dameskonfektie ladies' clothing
dancing dancehall, nightclub
daon salam *[dah-on salam]* kind of bayleaf
defect out of order
de heer Mr. (*written form*)
deken blanket
de klant is koning the customer is always right
de koffie is klaar freshly made coffee
delicatessenwinkel delicatessen
denk aan onze kinderen remember our children
denk aan uw lichten remember your lights
deposito's deposits
de trein naar ... staat gereed op spoor ... the train for ... is waiting at platform/track ...
deur sluiten alstublieft (a.u.b.) please close the door
de volgende voorstelling is om ... uur the next performance is at ... o'clock
deze plaats is bezet *[dayzuh plahts is bezet]* this seat is taken
diapositieven, dia's transparencies/slides
diensten openbaar vervoer public transport services
dienst inbegrepen service included
dienstregeling timetable, schedule
diepvries- en boterhamzakken deep-freeze bags and sandwich bags
dierentuin zoo
dijk dike
dikke riblappen *[dikkuh riblappuh]* entrecôte
dimlichten dip/dim your lights
dinsdag Tuesday
directeur van de bank bank manager
dit medicijn kan uw rijvaardigheid beinvloeden this medicine can affect your driving
djahe *[dya-hay]* ginger
djintan *[dyintan]* cummin seed
doe het zelf winkel do-it-yourself shop/store
domkerk cathedral
donderdag Thursday
donder op bugger off
donsbed duvet, continental quilt
doodlopende weg dead-end
doorbakken *[dohrbakkuh]* well-done
doorbraden *[dohrbrahduh]* well-done
doorgaand verkeer through traffic
doorlopend krediet continuous credit
doperwten *[dop-airtuh]* garden peas
dosering voor kinderen/volwassenen dosage for children/adults
douane customs
dragon *[dracHon]* tarragon
draaibrug swing bridge
drie in de pan small pancakes with currants and raisins
drogisterij drugstore (sells non-prescriptive medicines, toiletries etc, no dispensing)
droog föhnen blow dry
droogkokende rijst *[drohcHkohkenduh reyst]* long-grained rice

druiven (blauwe) *[drowvuh (blow-uh)]* grapes (black)
druiven (witte) *[drowvuh (vittuh)]* grapes (green)
drukwerk printed matter
D-trein international train
dubbeltje 10 cent piece
duitse biefstuk *[dowtsuh beefstook]* minced beef/ground beef and onion hamburgers
duwen push
d.w.z. (dat wil zeggen) i.e.

E

ebie *[ebee]* dried shrimps
echt *[echt]* real, authentic
echte boter *[echtuh bohter]* real butter
edammer *[aydammer]* Edam cheese
E.E.G. (Europese Economische Gemeenschap) EEC, European Economic Community
eendeëi *[aynduh-ey]* duck egg
eenmaal ontdooide producten niet opnieuw invriezen do not re-freeze once thawed
eenpersoonsbed/kamer single bed/room
eenrichtingverkeer one-way traffic
eerste verdieping (*UK*) first floor, (*USA*) second floor
eerst kloppen alstublieft please knock before entering
eethuis restaurant
eetkamer dining room
eet smakelijk *[ayt smahkeluhk]* enjoy your meal
eetzaal dining hall
effecten stocks and shares
effectenkoers stock exchange/market
EHBO (eerste hulp bij ongelukken) first aid
eieren *[eyeruh]* eggs
eierkoeken *[eyerkookuh]* flat round spongecakes
eigen tennisbanen private tennis courts
einde bebouwde kom end of built-up area
einde parkeerverbod met verplicht gebruik van een parkeerschijf end of parking restriction and obligatory use of parking disk
eisbein *[eysbeyn]* pickled upper leg of pork
elektriciteitswinkel electrical goods shop/store
elektrische apparaten electrical appliances
enkele reis single journey, one-way trip
entree admission
er kan nog een trein komen there may be a train after this one
erwtensoep (met spek of met worst) *[airtuhsoop (met speck of met vorst)]* pea soup (with bacon or with sausage)
er zijn nog ... wachtenden voor u *[er zeyn noch ... vachtenduh vohr oo]* there are ... callers before you
etage floor
Evangelische Kerk Evangelical church
even weg gone for a minute
exprespost express mail
expressepost van stukken tot en met 250 gr. express mail for articles up to and including 250 gr.

F

fa, Fa (firma) firm
fabricage manufacture

fabrikaat make
familiekaarten family tickets
fazant pheasant
fietsen en/of bagage bicycles and/or luggage
fietsenreparatie bicycle repairs
fietsenstalling, verkoop, verhuur en reparatie bicycle storage, sale, hire and repairs
fietsenverhuur bicycles for rent
fietsenwinkel bicycle shop/store
fijngehakt *[feynCHehahkt]* finely minced/ground
filet americain *[feel**ay** amayrik**ah**n]* minced beef steak/hamburger
filevorming tailback, traffic jam
filiaal branch
filosoof *[filos**oh**f]* shepherd's pie
flitslampje flash bulb
fooi tip
forel trout
formulier form
fosfaat-arm low in phosphate
foto-artikelen camera shop/store
fotograaf photographer
fototoestel camera
fourniturenzaak haberdashery, notions
frambozen *[framb**oh**zuh]* raspberries
Friese meren Frisian lakes
frieten *[fr**ee**tuh]* chips, French fries
frikandel rissole
frisdranken *[fr**i**ssdrankuh]* soft drinks
frites *[freet]* French fries, chips
frites-aardappelen potatoes for chips/French fries
fruitsap *[fr**ow**tsap]* fruit juice, orange juice
fruitwinkel fruitshop, fruitstore

G

gado gado *[CHado CHado]* type of peanut sauce
ganzelever *[CH**a**nzuhlayver]* goose liver
garnalencocktail *[CHarn**ah**luhcocktail]* prawn cocktail
geb. (geboren) born
gebakjes *[CHeb**a**kyuhs]* small cakes
gebakken *[CHeb**a**kkuh]* fried
gebakken aardappelen *[CHeb**a**kkuh **ah**rdappeluh]* fried potatoes
gebakken ei met spek *[CHeb**a**kkuh ey met spek]* fried egg with bacon
gebakken forel met amandelen *[CHeb**a**kkuh for**e**l met am**a**ndeluh]* fried trout with almonds
gebakken kip *[CHeb**a**kkuh kip]* fried chicken
gebakken mosselen *[CHeb**a**kkuh m**o**sseluh]* fried mussels
gebakken paling *[CHeb**a**kkuh p**ah**ling]* fried eel
gebakken spiering *[CHeb**a**kkuh sp**ee**ring]* fried smelt
gebakken uitjes *[CHeb**a**kkuh **ow**tyuhs]* fried onions
gebonden soep *[CHeb**o**nduh soop]* thickened soup
geboortedatum date of birth
geboorteplaats place of birth
gebraden *[CHebr**ah**duh]* roast
gebraden eend *[CHebr**ah**duh aynt]* roast duck
gebraden eend met sinaasappel *[CHebr**ah**duh aynt met s**ee**nahsappel]* roast duck à l'orange
gebraden fazant *[CHebr**ah**duh faz**a**nt]* roast pheasant
gebraden gehakt *[CHebr**ah**duh CHeh**a**kt]* roast meatloaf
gebraden kastanje *[CHebr**ah**duh kast**a**nyuh]* fried chestnut
gebraden konijn *[CHebr**ah**duh kon**ey**n]* roast rabbit
gebraden varkensfricandeau *[CHebr**ah**duh v**a**rkensfreekandoh]* roast pork fricandeau
gebruiksaanwijzing instructions for use
gebruik van wagentje/mandje verplicht use of trolley/cart/basket obligatory
gedistilleerde dranken *[CHedisteel**ay**rduh dr**a**nkuh]* spirits

gedroogde erwten *[CHedrohCHduh airtuh]* dried peas
gedroogde pruimen *[CHedrohCHduh prowmuh]* prunes
geen antwoord *[CHayn antwohrt]* no answer
geen drinkwater not drinking water
geen fietsen tegen het raam plaatsen a.u.b. please do not lean bicycles against the window
geen gehoor *[CHayn CHehohr]* no reply
geen honden no dogs
geen lawaai na 10 uur alstublieft no noise after 10 o'clock please
geen lifters no hitchhikers
geen zelfbediening no self-service
gefabriceerd in ... made in ...
gefileerd *[CHefeelayrt]* filleted
geglaceerde kastanjes *[CHeCHlassayrduh kastanyuhs]* glazed chestnuts
gehakt *[CHehakt]* mince, ground beef
gehaktbal *[CHehaktbal]* minced beef/ ground beef and pork rissole
geheel gesloten closed to the public
geklopte eieren *[CHekloptuh eyeruh]* beaten eggs
gekookt *[CHekohkt]* boiled
gekookte achterham *[CHekohktuh aCHterham]* boiled gammon
gekookte Gelderse worst *[CHekohktuh (CHeldersuh vorst)]* boiled smoked sausage
gekookte kip *[CHekohktuh kip]* boiled chicken
gekookte lever *[CHekohktuh layver]* boiled liver
gekookte mosselen *[CHekohktuh mosseluh]* boiled mussels
gekookte schouderham *[CHekohktuh sCHowderham]* boiled shoulder of ham
gekruid *[CHekrowt]* seasoned with herbs or spices
geld money
geldig van ... tot ... valid from ... to ...
geld in sleuf werpen put money in the slot
geld terug money back
gele erwten *[CHayluh airtuh]* yellow peas
gelei *[jeley]* jelly
gemalen koffie *[CHemahluh koffee]* ground coffee
gemarineerd *[CHemareenayrt]* marinated
gemarineerde runderlappen *[CHemareenayrduh roonderlappuh]* marinated stewing steak
gemarineerd rundvlees *[CHemareenayrt roontvlayss]* marinated beef
gemarkeerde wandeling signposted walk
gember (poeder) *[CHember (pooder)]* (ground) ginger
gemberkoek *[CHemberkook]* gingerbread
gemeenschappelijke douches communal showers
gemeentehuis town hall, municipal buildings
gemengde noten *[CHemengduh nohtuh]* mixed nuts
gepast geld the right change
gepocheerde eieren *[CHeposhayrduh eyeruh]* poached eggs
gepocheerde vis *[CHeposhayrduh viss]* poached fish
gepocheerde zalm met Hollandse saus *[CHeposhayrduh zalm met hollantsuh sowss]* poached salmon with sauce Hollandaise
gepofte kastanje *[CHepoftuh kastanyuh]* roast chestnut
gerecht *[CHerecht]* dish
gereformeerde kerk Calvinist church
gereserveerd reserved
gerookte paling *[CHerohktuh pahling]* smoked eel
gerookte zalm *[CHerohktuh zalm]* smoked salmon
geroosterd *[CHerohstert]* grilled
geroosterd brood *[CHerohstert broht]* toast
gesloten — open closed — open
gesmoord *[CHesmohrt]* braised
gesprekken via de PTT telefoniste operator-connected calls
gestampte muisjes *[CHestamtuh mowshuhs]* powdered aniseed eaten on bread
gestoofde andijvie *[CHestohfduh andeyvee]* steamed endive
gestoofde paling *[CHestohfduh pahling]* stewed eel
gestoofd konijn *[CHestohft koneyn]* stewed rabbit
geurverdrijvers smell-absorbers
gevaarlijke stoffen dangerous materials

gevonden voorwerpen lost property, lost and found
gevulde kalfsborst *[CHevoolduh kalfsborst]* stuffed breast of veal
gevulde koek *[CHevoolduh kook]* pasty with almond filling
gevulde omelet met groene kruiden *[CHevoolduh omelet met CHroonuh krowduh]* omelet(te) with green herbs
gevulde pepers *[CHevoolduh paypers]* stuffed peppers
gevulde tomaten *[CHevoolduh tomahtuh]* stuffed tomatoes
gevulde uien met champignons *[CHevoolduh owyuh met shampeenyons]* stuffed onions with mushrooms
gewelde boter *[CHewellduh bohter]* melted butter beaten with water
gids guide
girostortingen girobank deposits
gist-extract yeast extract
goedenmiddag/morgen/avond/dag *[CHooduhmidaCH/morCHuh/ahvont/daCH]* good afternoon/morning/evening/day
goederenspoorweg goods-line, freight line
goed voor een liter sufficient to make up 1 litre/liter
golfslagbad swimming pool with artificial waves, wave pool
gouden gids yellow pages
goudse kaas *[CHowtsuh kahss]* Gouda cheese
graag gedaan *[CHrahCH CHedahn]* you're welcome
gracht canal
grafheuvel barrow, ancient burial place
gratis free
graveer- en slijpservice engraving and sharpening service
grenswisselkantoor bureau de change
griesmeelpudding *[CHreesmaylpudding]* semolina pudding
griet *[CHreet]* brill
groene haring *[CHroonuh hahring]* first-of-the-season lightly salted herring
groene kaart green card
groene/rode paprika *[CHroonuh/rohduh pahprika]* green/red pepper
groene saus *[CHroonuh sowss]* mayonnaise with fresh green herbs
groenteboer greengrocer (often one who sells door to door)
groenten *[CHroontuh]* vegetables
groentesoep *[CHroontuhsoop]* vegetable soup
groentewinkel greengrocer
groepsreizen group travel
grof gesneden bladspinazie roughly chopped leaf spinach
grote kerk cathedral
grote maat large size
grote weg *[CHrohtuh veCH]* main road
gula djawa *[CHoola dyava]* Javanese brown sugar
goulasch *[CHoolash]* goulash
gulden guilder

H

haarden stoves
haas *[hahss]* hare
haasbiefstuk *[hahssbeefstook]* fillet steak
hachée *[hashay]* diced stewing steak
hagelslag *[hahCHelslaCH]* hundreds and thousands, cake decoration
halfvolle melk *[hal-f-volluh]* skimmed milk
halfvolle yoghurt *[hal-f-volluh yoCHurt]* skimmed milk yoghurt
halte stop
halvarine *[halvareenuh]* half butter, half margarine
halve prijs half price
ham ham (smoked or salted)
hamlappen *[hamlappuh]* belly of pork
handappelen, handperen *[hantappeluh, hantpayruh]* eating apples/pears
handschoenen gloves
handwerkartikelen handicrafts
handwerkwinkel handicraft shop/store
hangop *[hangop]* buttermilk dessert

harde bewaaruien hard keeping onions
hardgekookt ei *[hartCHekohkt ey]* hard-boiled egg
haring *[hahring]* herring
haring met uitjes *[hahring met owtyuhs]* herring with chopped onions
havermoutse pap *[hahvermowtsuh pap]* porridge made with milk
hazelnoot *[hahzelnoht]* hazelnut
hazepastei *[hahzuhpastey]* hare pâté
hazepeper *[hahzuhpayper]* jugged hare
hazerug *[hahzeroocH]* saddle of hare
heidevelden heathland
heilbot *[heylbot]* halibut
heren gents, mens' room
herenkapper gents' hairdresser
herenkonfektie menswear
hertenkamp deer park
hertevlees *[hairtuhvlayss]* venison
hete bliksem *[haytuh bliksem]* potatoes and apples mashed together
het nieuwe spoorboekje is weer verkrijgbaar the new timetable/schedule is available now
hier afscheuren tear off here
hier indrukken press here
hier lege wagentjes s.v.p. leave your trolley/cart here please
hier openmaken open here
hier spreken speak here
historisch gebouw historic building
hoeden hats
hoestdrankje cough mixture
hoestpastillen cough drops
hoeveelheid amount
hoe wilt u het graag hebben? *[hoo vilt œ it CHrahCH hebbuh]* how would you like it?
hof van justitie court of justice
hollandse biefstuk *[hollantsuh beefstook]* thick slice of frying steak
hollandse saus *[hollantsuh sowss]* sauce Hollandaise, sauce made of egg yolks, butter and vinegar
hom soft roe
honden aan de lijn dogs must be kept on leash
honden toegelaten dogs allowed
hond in de goot dogs must use the gutter (must not foul the pavement/sidewalk)
honing *[hohning]* honey
honinggraad *[hohningCHraht]* honeycomb
honingkoek *[hohningkook]* type of gingerbread
hoofdgerecht main course
hoofdpostkantoor main post office
hopjesvla *[hopyuhsvlah]* type of caramel pudding
huisarts GP, general practitioner
huishoudelijke artikelen household articles
huishoudelijke artikelen: dweilen, werkdoeken, stofdoeken household articles: floorcloths, dishcloths, dusters
huisvuilzakken met strips rubbish bags with wire closures
hunebed megalithic chambered tomb
hut cabin
hutspot (met klapstuk) *[hootspot (met klapstook)]* mashed potatoes with carrots, onions, breast or rib of beef
huzarensla *[hœzahruhslah]* potato salad with beetroot/red beet, gherkin, salmon, sardines etc
hypotheken loans and mortgages

I

idioot *[eedeeyoht]* idiot
Ieperen Ypres
ijs *[eyss]* ice cream
ijsbaan ice rink
ijsjes, diverse smaken ice cream, various flavo(u)rs
ijskast fridge
ijssalon ice-cream parlo(u)r
ijzel black ice
ijzerhandel ironmonger, hardware store
ikan *[eekan]* fish
ikan terie *[eekan terree]* very small dried fish
ik verbind u door *[ik verbint œ dohr]* I'll

put you through
in de ijskast bewaren keep refrigerated
ingang entrance
ingang vrijhouden entrance: keep clear
in gesprek engaged, busy
in gesprek toon (bezettoon) engaged signal, busy tone
in geval van nood in an emergency
inhoud contents
inlichtingen information
innemen op de nuchtere maag to be taken on an empty stomach
in reclame special offer
inschepen embark
inschepingskaart boarding card
intercity treinen stoppen alleen op de met ... aangegeven stations intercity trains stop only at stations marked with ...
interlokaal gesprek trunk call
internationaal gesprek international call
internationale lijndiensten international scheduled services
internist physician
invoerrechten import duties
in water oplossen dissolve in water
inweekmiddel prewash soaking powder

J

jachthaven marina
jachtschotel *[yaCHtsCHohtel]* shepherd's pie
janhagel *[yanhahCHel]* kind of biscuit/cookie
je bent gek *[yuh bent CHek]* you're crazy
jenever *[yenayver]* Dutch gin
jeneverbessen *[yenayverbessuh]* juniper berries
j.h. (jeugdherberg) youth hostel
jonge kaas *[yonguh kahss]* new cheese
jonge klare *[yonguh klahruh]* pure Dutch gin (young)
juffrouw Miss
juwelierszaak jewel(l)er

K

kaarsen (branduren ...) candles (burn for ... hours)
kaarten met/zonder enveloppe cards with/without envelope
kaas *[kahss]* cheese
kaas 20+ low-fat cheese
kaas 40+ full-fat cheese
kaascroissant *[kahss—]* cheese croissant
kaaskoekje *[kahsskookyuh]* cheese biscuit/cookie
kaassoesje *[kahss soosyuh]* cheese puff
kaaswinkel cheese shop/store
kabeljauw *[kabelyOW]* cod
kadetje *[kadetyuh]* soft roll
kadowinkel gift shop/store
kalfsbiefstuk *[kal-fsbeefstook]* fillet of veal
kalfs-fricassee *[kal-fs-freekassay]* veal fricassee or stew in thick white sauce
kalfsgehakt *[kal-fsCHehakt]* minced/ground veal
kalfslappen *[kal-fslappuh]* veal slices
kalfslever *[kal-fslayver]* calf's liver
kalfsleverworst *[kal-fslayvervorst]* veal liver sausage
kalfsniertjes *[kal-fsneertyuhs]* calf's kidneys
kalfsoester *[kal-fsooster]* escalope of veal
kalfsschnitzel *[kal-fs-shnitsel]* veal schnitzel

kalfstong *[kal-fstong]* calf's tongue
kalfsvlees *[kal-fsvlayss]* veal
kalkoen *[kalkoon]* turkey
kalmerend middel tranquillizer
kamer met bad en w.c. room with bath and toilet
kamer met bad zonder w.c. room with bath and no toilet
kamperen verboden no camping
Kanaal English Channel
kandijsuiker *[kandeysowker]* candy sugar
kaneel *[kanayl]* cinnamon
kan ik u helpen? *[kan ik oo helpuh]* can I help you?
kantoorboekhandel office stationery etc
kapsalon hairdresser
kapucijners *[kapooseyners]* large dark peas, marrowfat peas
karbonade *[karbonahduh]* chops
karnemelk *[karnuhmelk]* buttermilk
karnemelkse pap *[karnuhmelksuh]* buttermilk porridge
karper carp
karretje supermarket trolley/cart
kas cash
kassa *[kassah]* cashdesk
kastanjepudding *[kastanyuhpudding]* chestnut pudding
kastanje puree *[kastanyuh pooray]* puréed chestnuts
kastanjes *[kastanyuhs]* chestnuts
kasteel castle
kasteel te bezichtigen castle open to the public
kastrol casserole
katjang *[katyang]* peanut
katjang idjoe *[katyang eedyoh]* small green peas
keel-neus- en oorspecialist ear, nose and throat specialist
kelderverdieping basement
kentekenbewijzen car registration documents
kerriesoep *[kairreesoop]* curry soup
kersen *[kairsuh]* cherries
kersenvlaai *[kairsuhvlah-i]* cherry pie
kervel *[kairvel]* chervil
kervelsoep *[kairvelsoop]* chervil soup
ketjap asin *[ketyap ahsin]* light soy sauce
ketjap manis *[ketyap mahnis]* thick sweet soy sauce
ketoembar *[ketoombar]* coriander seed
keukenrollen kitchen rolls
keukenstroop *[kurkuhstrohp]* golden syrup
kievitsei *[keeveetsey]* plover's egg
kikkerbillen, kikkerbilletjes *[kikkerbilluh, kikkerbilletyuhs]* frogs' legs
kinderboerderij children's farm
kinderen beneden ... jaar worden niet toegelaten children under ... not admitted
kinderijsje *[kindereysyuh]* small ice cream
kinderkleren children's clothes
kinderportie *[kinderporsee]* children's portion
kinderspeelbad paddling pool
kindersurprise *[kindersoorpreesuh]* children's ice cream
kip chicken
kip aan het spit spit-roasted chicken
kip met kerriesaus en rijst *[kip met kairreesowss en reyst]* chicken with curry sauce and rice
kip met tomatensaus en croutons *[kip met tomahtensowss en krootons]* chicken with tomato sauce and croutons
kippelever *[kippuhlayver]* chicken-liver
kippesoep *[kippuhsoop]* chicken soup
klaar terwijl u wacht ready while you wait
klachten complaints
klant customer
klantendienst, klantenservice customers' complaints, exchange of goods etc
klapper coconut
klaverhoning *[klahverhohning]* clover honey
klederdracht traditional costume
kleedkamer cloakroom, checkroom
kleermaker's zaak tailor
kleine maat small size
klomp wooden clog
klooster convent
kloppen alvorens binnen te komen knock before entering
K.N.A.C. (Koninklijke Nederlandse Automobiel Club) royal Dutch motoring organization
knäckebrood *[k-nackerbroht]* crispbread
knakworst *[k-nakvorst]* Frankfurter
knippen cut
knoedel *[k-noodel]* dumpling
knoflook *[k-nofflohk]* garlic

knolselderij *[k-nolselderee]* celeriac
KNT (kinderen niet toegelaten) children not admitted
koekjes *[kookyuhs]* biscuits, cookies
koel bewaren keep in a cool place
koelkast fridge
koel serveren serve chilled
koenjit *[koonyit]* Indonesian spices and ingredients
koers exchange rate
koffie *[koffee]* coffee
koffiebonen *[koffeebohnuh]* coffee beans
koffiehuis coffee shop
koffieroom *[koffeerohm]* creamy milk for coffee
koffietafel *[koffeetahfel]* cold buffet lunch
kogelbiefstuk *[kohCHelbeefstook]* thick end of rump
kom binnen *[kom binnuh]* come in
komijnekaas *[komeynuhkahss]* cheese with cummin seeds
komkommer *[komkommer]* cucumber
koninginnesoep *[kohnicHinuhsoop]* cream of chicken soup
kool *[kohl]* cabbage
koolraap *[kohlrahp]* swede
koolvis *[kohlviss]* coalfish
koopavond late shopping
korenwijn *[kohruhveyn]* high quality, well aged, mature jenever gin
korst crust
Kortrijk Courtrai
kotelet *[kohtelet]* cutlet
krantenkiosk newspaper stand
kreeft *[krayft]* lobster
kreeftesoep *[krayftuhsoop]* lobster soup
krenten *[krentuh]* currants
krentenbrood *[krentuhbroht]* currant loaf
kriek *[kreek]* dark beer fermented with black cherries
kroepoek *[kroopook]* prawn crackers
kroket *[kroket]* croquette
kropsla *[kropslah]* cabbage lettuce
kroten *[krohtuh]* beetroot, red beet
kruiden *[krowduh]* spices, herbs
kruidenboter *[krowduhbohter]* herb butter
kruidenierszaak grocer
kruidenkaas *[krowduhkahss]* cheese with spices
kruidnagel *[krowtnahCHel]* cloves
kruisbessen *[krowsbessuh]* gooseberries
kruispunt crossroad, intersection
KT (Kinderen Toegelaten) children admitted
kuikenbouten *[kowkuhbowtuh]* chicken legs
kuiken-vleugels *[kowkuh-vlurCHels]* chicken wings
kuit *[kowt]* hard roe
kun je niet uitkijken? *[kun yuh neet owtkeykuh]* can't you look where you're going!
K.v.K. (Kamer van Koophandel) chamber of commerce
kwaliteit quality
kwark *[kvark]* soft white cheese
kwarktaart *[kvarktahrt]* cheesecake
kwartel *[kvartel]* quail
kwartje 25 cent piece, quarter
kwast *[kvast]* lemon squash
kwekerij nursery (for flowers)
kwitantie receipt

L

laden en lossen loading and unloading
lampen, grote en kleine fitting lamps, large and small fittings
lampenwinkel lighting shop/store
lamsborst *[lamsborst]* breast of lamb
lamsbout *[lamsbowt]* gigot of lamb, leg of lamb
lams coteletjes *[lams koteletyuhs]* lamb cutlets
lamskotelet *[lamskotelet]* lamb cutlet, lamb chop
lamslapje *[lamslapyuh]* escalope of lamb
lamslappen *[lamslappuh]* lamb slices
lamsragoût *[lamsragoo]* lamb stew
lamsschouder *[lamssCHowder]* shoulder of lamb

lamstong *[lamstong]* lamb's tongue
lamsvlees *[lamsvlayss]* lamb
langzaam rijden drive slowly
laurierblad *[lowreerblat]* bayleaf
lederwaren leather goods
leeftijd age
leidse kaas *[leydsuh kahss]* Leiden cheese (with cummin seeds)
lekkerbekjes *[lekkerbekyuhs]* deep-fried whiting fillets in batter
let op! deuren sluiten automatisch caution, doors close automatically
Leuven Louvain
levensmiddelenwinkel food shop/store
levensverzekering life insurance
lever met appel, uiringen en bacon *[layver met appel, owringuh en baykon]* liver with apple, onion rings and bacon
leverworst *[layvervorst]* liver sausage
licht bier *[licht beer]* light beer
lichten aan/uit lights on/off
licht verteerbaar digestible
liever niet roken op vol balkon no smoking please on crowded platform
lift lift, elevator
limburgse vlaai *[limboorchsuh vlah-i]* fruit flan/tart
limonade *[leemonahduh]* lemonade
links left
linzen *[linsuh]* lentils
lits jumeaux twin beds
loempia *[loompyah]* spring roll (Indonesian)
loket ticket office
lombok *[lombok]* hot red peppers
loodgietersbedrijf plumber
lucht air
luchtpost airmail
Luik Liège
Lutheraanse kerk Lutheran church

M

... maal per dag voor/na de maaltijd innemen to be taken ... times a day before/after meals
maaltijd *[mahlteyt]* meal
maaltijdsoep *[mahlteytsoop]* thick soup, a meal in itself
maandag Monday
maart March
maasdammer *[mahss—]* type of cheese
maaslander *[mahss—]* type of cheese
maat size
madera saus *[madayrah sowss]* brown sauce with madeira
magere kaas *[mahcheruh kahss]* low-fat cheese
magere kwark *[mahcheruh kvark]* low-fat soft cheese
magere melk *[mahcheruh]* skimmed milk
magere yoghurt *[mahcheruh yochurt]* low-fat yoghurt
mager vlees *[mahcher vlayss]* lean meat
maïskolf *[mys—]* corn on the cob
maïskorrels *[mys—]* sweetcorn
maïzena *[myzaynah]* cornflour
makelaar estate agent, realtor
makreel *[makrayl]* mackerel
mandje basket
mandje gebruiken a.u.b. please use a shopping basket
mannenklooster monastery
manufacturenwinkel draper
marechaussee branch of Dutch police force
marsepein *[marsepeyn]* marzipan
mededelingenbord notice board, bulletin board
meermanskaarten tickets for small groups
mei May
melk milk
melkboer milkman (sells door to door)
melkpoeder *[melkpooder]* powdered milk
meloen *[meloon]* melon
menu van de dag today's menu
mergpijpjes *[mairch-peypyuhs]* marrow bones
met aansluiting op ... connecting with ...

met conserveringsmiddel contains preservatives
met douche with shower
met ondertiteling with subtitles
met vaste wastafel with washhand basin
metworst *[metvorst]* pork sausage
meubels furniture
mevrouw Mrs., madam
mie *[mee]* very thin Chinese spaghetti
mierik *[meerik]* horseradish
mihoen *[meehoon]* very fine rice noodles
mihoen goreng *[meehoon goreng]* fried rice with vegetables and meat
mij. (maatschappij) company
mijnheer Mr., sir
minderjarigen worden niet toegelaten no admittance to minors
misbruik wordt gestraft penalty for improper use
mobiele winkel mobile shop/store
moerbeien *[moorbeyuh]* mulberries
moes *[moos]* any puréed fruit
moesappelen *[moosappeluh]* cooking apples
molen mill
monsters samples
moskee mosque
mosselen *[mosseluh]* mussels
mosselen in het zuur *[mosseluh in 't zœr]* pickled mussels
mosselensoep *[mosseluhsoop]* mussel soup
mosterd *[mostert]* mustard
motor afzetten alstublieft please switch off engine
mousseline saus *[moosseleenuh sowss]* sauce Hollandaise with whipped cream and lemon juice
mousserende dranken *[moossayrenduh drankuh]* fizzy drinks
munt *[moont]* mint; coin
museum museum, art gallery

N

nadere bijzonderheden further details
nagerecht *[nahCHereCHt]* dessert
na opening beperkt houdbaar will keep for limited period only after opening
nasi goreng *[nassi goreng]* Indonesian fried rice dish with different kinds of meat and vegetables
nasivlees *[nassivlayss]* diced pork
nationaliteit nationality
natriumarme kaas *[nahtreeum-armuh kahss]* low salt cheese
natte verf wet paint
natuurgebied national park
natuurlijk *[natœrluhk]* of course
natuurresservaat nature reserve
Nederlands Hervormde Kerk Dutch Reformed Church
nekkarbonaden *[nekkarbonahduh]* neck-end chops
netnummer area code
netto gewicht net weight
N.H. (Noord Holland) North Holland
nieren *[neeruh]* kidneys
niet aankomen do not touch
niet bereikbaar unobtainable
niet buiten koelkast bewaren keep refrigerated
niet centrifugeren do not spin-dry
niet chemisch reinigen do not dry-clean
niet geschikt voor ... not suitable for ...
niet goed, geld terug money back if not satisfied
niet op de onderste trede staan do not stand on the bottom step
niet openen voordat de trein stilstaat do not open until the train has stopped
niet op Zon- en feestdagen not on Sundays and public holidays
niet persen do not press
niet roken no smoking
niets aan te geven nothing to declare
niets te danken *[neets teh dankuh]* don't mention it, you're welcome
niet storen a.u.b. please do not disturb
niet strijken do not iron
niet toegestaan not allowed
niet voor inwendig gebruik not to be

taken internally
niet wringen do not wring
nieuwe haring *['new'-uh hahring]* salted herring
nieuwe oogst newly harvested
NMBS (Nationale Maatschappij der Belgische Spoorwegen) Belgian Railways
N.O. (noordoost) north-east
noodgeval emergency
noodknop deurbediening emergency button to operate door
noodrem communication cord, emergency brake
Noorden North
nootmuskaat *[nohtmooskaht]* nutmeg
normaal 2-star (petrol), regular (gas)
N.P. (niet parkeren) no parking
N.S. (Nederlandse Spoorwegen) Dutch railways/railroad
N.V. (Naamloze Vennootschap) Ltd, Inc

O

O (oost) east
oesters *[oosters]* oysters
ogenblikje alstublieft *[ohcHenblikyuh alstoobleeft]* one moment please
olie oil
oliebol *[ohleeboll]* doughnut
olie verversen oil change
olijfolie *[oleyf-ohlee]* olive oil
olijven (groene) *[oleyvuh (cHroonuh)]* olives (green)
olijven (zwarte) *[oleyvuh (zwartuh)]* *olives (black)*
omelet met champignons *[shampeenyons]* mushroom omelet(te)
omelet met ham ham omelet(te)
omelet met kaas *[kahss]* cheese omelet(te)
omgeving surroundings
omleiding diversion
onbevoegd unauthorized
ongepelde rijst *[oncHepelduh reyst]* brown rice
ongezoet *[oncHezoot]* unsweetened
ontbijtkoek *[ontbeytkook]* type of gingerbread
ontbijtspek *[ontbeytspek]* bacon
onverharde weg unpaved road
oogarts ophthalmologist
Oosten East
op ... rijden treinen als op zaterdag on ... trains run as on Saturdays
op elk station te koop on sale at every station
openbare bibliotheek public library
openen open
openingstijden opening times
openlucht zwembad outdoor swimming pool
ophaalbrug lever-bridge
opnamen withdrawals
oponthoud delay
opruiming clearance (sale)
opstapplaats touringcars boarding point for long distance buses
opstopping traffic jam
opticien optician
opzij on the side
op Zon- en feestdagen, echter niet op ... on Sundays and public holidays but not on ...
ossestaart *[ossuhstahrt]* oxtail
ossestaartsoep *[ossuhstahrtsoop]* oxtail soup
ossetong *[ossuhtong]* ox tongue
oude kaas *[owduh kahss]* well-matured cheese
oude klare *[owduh klahruh]* mature Dutch gin
ovenfrites oven-ready chips/French fries
overdekt zwembad indoor swimming pool
overige bestemmingen other destinations
overstappen change
overtreding offence, offense

P

paarderookvlees *[pahrduhrohkvlayss]* smoked horsemeat
pakhuis warehouse
paleis palace
paling *[pahling]* eel
paling in aspic *[pahling]* eel in aspic
paling in gelei *[pahling in jeley]* jellied eel
paling in het groen *[pahling in it CHroon]* eel in sorrel sauce and green herbs
paling in het zuur *[pahling in it zoor]* pickled eel
palingworst *[pahlingvorst]* type of sausage
paneermeel *[panayrmayl]* breadcrumbs
pannekoek *[pannuhkook]* pancake
pannekoek met jam *[pannuhkook met jem]* pancake with jam
pannekoek met stroop *[pannuhkook met strohp]* pancake with syrup
pannekoek met suiker *[pannuhkook met sowker]* pancake with sugar
pannekoekenhuis pancake restaurant
paprijst *[papreyst]* rice for milk puddings (short-grained rice)
parfum perfumes
parijzer worst *[pareyzer vorst]* type of sausage
parkeerverbod op even dagen no parking on even days
parkeerverbod op oneven dagen no parking on odd days
parkeren alleen voor hotelgasten parking for hotel guests only
parterre (*UK*) ground floor, (*USA*) first floor
particulieren kredieten personal loans
partijenpost bulk posting (eg circulars, advertising)
paskamer fitting room
pas op caution
pastei pâté
pastei *[pastey]* vol-au-vent
pasteitje *[pasteytyuh]* small vol-au-vent
pastinaak *[pastinahk]* parsnip
patates frites *[patat freet]* chips, French fries
patrijs *[patreyss]* partridge
pauze interval
pct (procent) percent
p.d. (per dag) per day
pedaalemmerzakken pedal-bin liners
pension boarding house
peper *[payper]* pepper
pepermunt *[paypermoont]* peppermint
pepersaus *[paypersowss]* brown sauce with crushed peppercorns
perencompote *[payruhkompot]* stewed pears
perenmoes *[payruhmoos]* puréed pears
perenstroop *[payruhstrohp]* kind of treacle made from pears
per kwartier per quarter hour
permanenten permanent wave, perm
perron platform, track
persen press
personenwagen private car
persoonlijke leningen personal loans
perssinaasappelen oranges for orange juice
per uur per hour
perziken *[pairzikuh]* peaches
peterselie *[paytersaylee]* parsley
petit pacquet airmail parcels up to 1 kg
piccadilly saus *[sowss]* brown sauce with chopped pickles
piccalilly pickles
pijnstillend middel painkiller
pikant *[peekant]* piquant
pils type of lager
pindakaas *[pindakahss]* peanut butter
p.j. (per jaar) p.a., per annum
plaatsbewijs ticket
plaatskaarten tickets
plakje *[plakyuh]* slice
plantaardige olie *[plantahrdicHuh ohlee]* vegetable oil
plantaardig vet *[plantahrdicH vet]* vegetable fat

p.o. (per order) by order
pocheren *[poshayruh]* poach
poelier poulterer
poffertjes *[poffertyuhs]* tiny pancakes with lots of butter and icing sugar
polder(land) polder, land reclaimed from the sea
polikliniek out-patients
politiebureau police station
pommes frites *[pom freet]* French fries
pompelmoes *[pompelmoos]* grapefruit
pompoen *[pompoon]* pumpkin
porselein porcelain
port betaald postage paid
porto luchtpostbrieven tariff for airmail letters
postbus PO Box
postelein *[posteleyn]* purslane
postidentiteitsbewijzen identification documents
postkantoor post office
postpakket postal parcel
postpakketten parcels, packages
posttarieven voor binnen- en buitenland postage rates for home and abroad
postwissels postal orders
postzegelautomaat stamp vending machine
postzegelboekjes book of stamps
postzegels stamps
p.p.p.d. (per person per dag) per person per day
p.r. (public relations, poste restante) public relations; poste restante, general delivery
praatpaal emergency roadside phone
prei *[prey]* leek
preisoep *[preysoop]* leek soup
prijslijst price list
prijzen vanaf ... prices from ...
prikbord notice board, bulletin board
privé adres home address
privé kantoor private office
privéterrein private grounds
pruimedant *[prowmuhdant]* type of prune
pruimen *[prowmuh]* plums
pruimengelei *[prowmuhjeley]* plum jelly
pruimenjam *[prowmuhjem]* plum jam
pruimenmoes *[prowmuhmoos]* puréed plums
p.st. (per stuk) each
P.T.T. (Post, Telegraaf, Telefoon) post office
p.u. (per uur) per hour
publieke veiling public auction
p.w. (per week) per week

R

raadhuis townhall
rab. (rabat) reduction
rabarber *[rabarber]* rhubarb
radijs *[radeyss]* radish
radio en televisiewinkel radio and television shop/store
rauw ei *[row ey]* raw egg
rauwkost *[rowkosst]* uncooked food
ravigotte saus *[ravigot sowss]* French dressing with chopped hard-boiled eggs and mustard
rechtdoor *[reCHt-dohr]* straight on
rechts right
rechtswinkel legal advice centre/center
reclame special offers
recreatieterrein recreation area
ree(bok) *[ray(bok)]* roe(buck)
reebout *[raybowt]* haunch of venison
reerug *[rayrœCH]* saddle of venison
reformhuis health food shop/store
regenboogforel *[rayCHenbohCH-forel]* rainbow trout
registratie motorboten motorboat registration
reisbureau travel agency
reischeques traveller's cheques, traveler's checks
reis- en annuleringsverzekering travel and cancellation insurance
reiswinkel travel agency
rekening bill, account
rekening courant current account,

checking account
reklame special offer
remoulade saus *[raymoolahduh sowss]* mayonnaise with anchovies
reserve onderdelen spare parts
reserveringen reservations
retourtje return/roundtrip ticket
ribkarbonaden chops
richting — tijd — spoor — bestemming direction — time — platform/track — destination
rietsuikerstroop *[reetsowkerstrohp]* treacle
rijbewijs driving licence, driver's license
rijdt niet op Zon- en feestdagen does not run on Sundays and public holidays
rijkspolitie Dutch state police
rijkswacht branch of the Belgian police
rijrichting direction of traffic
rijst *[reyst]* rice
rijstebrij *[reystuhbrey]* rice pudding
rijstevlaai *[reystuhvlahi]* creamed rice flan/tart
rivierkreeft *[riveerkrayft]* crayfish
riviervis *[riveerviss]* freshwater fish
R.K. (Rooms Katholiek) RC, Roman Catholic
rode bessengelei *[rohduh bessuhjeley]* redcurrant jelly
rode bessenjam *[rohduh bessuhjem]* redcurrant jam
rode bessensap *[rohduh bessuhsap]* redcurrant juice
rode bieten *[rohduh beetuh]* beetroot, red beet
rode kersenjam *[rohduh kairsuhjem]* red cherry jam
rode kool *[rohduh kohl]* red cabbage
rode wijn *[rohduh veyn]* red wine
roerei *[roor-ey]* scrambled eggs
rog *[rocH]* ray
roggebrood *[rocHebroht]* ryebread
rolmops rollmops, pickled herring
roltrappen escalators
romaans Romanesque
rondleiding guided tour
rondvaart pleasure cruise
rookvlees *[rohkvlayss]* smoked beef or horsemeat sliced very thin — to put on bread
rookworst *[rohkvorst]* smoked sausage
room *[rohm]* cream
roomboter *[rohmbohter]* dairy butter
roomijs *[rohmeyss]* ice cream
roomijstaart *[rohmeyss-tahrt]* ice-cream gateau
Roomskatholieke Kerk Roman Catholic church
roomsoes *[rohmsoos]* cream puff
rosbief *[rosbeef]* roast beef
rozemarijn *[rozuhmareyn]* rosemary
rozijnen *[rozeynuh]* currants
ruiterpad bridle path
rundergehakt *[roondercHehakt]* minced/ground beef
runderlap *[roonderlap]* stewing steak
runderlever *[roonderlayver]* ox liver
rundvlees *[roontvlayss]* beef
russisch ei *[roosseess ey]* Russian salad, egg mayonnaise salad

S

safe bezoek reception for visitors to safe-deposit boxes
sajoer *[sahyoor]* Indonesian vegetable soup
saksische leverworst *[sakseessuh layvervorst]* Saxon liver sausage
salami met knoflook *[k-noflohk]* salami with garlic
saldo balance
sambal very hot chili chutney (Indonesian)
sanitaire voorzieningen wash and toilet facilities
santen coconut milk
sap juice
sardientjes (in het blik) *[sardeentyuhs]* (canned) sardines
saté *[satay]* Indonesian kebab
saucijsje *[sowseyshuh]* unsmoked sausage

saucijzenbroodje *[sowseyzuhbrohtyuh]* sausage roll
saucisse *[sowseess]* smoked sausage
saus *[sowss]* sauce
savooie kool *[savohyuh kohl]* Savoy cabbage
schaal scale
schaapjeswol lamb's wool
schapevlees *[SCHahpuhvlayss]* mutton
schar *[SCHar]* dab
scharreleieren *[SCHarrel-eyeruh]* free-range eggs
schartong *[SCHartong]* lemon sole
scheerwol pure wool
schelvis *[SCHelviss]* haddock
schelvislever *[SCHelvisslayver]* haddock liver
schenkel *[SCHenkel]* shin of beef
schildpadsoep *[SCHiltpatsoop]* turtle soup
schnitzel veal cutlet
schoenen shoes
schoenenzaak shoe shop/store
schoenmaker cobbler
schol *[SCHol]* plaice
schoonheidsartikelen cosmetics
schoonheidssalon beauty salon
schoonmaakartikelen cleaning articles
schorseneren *[SCHorsuhnayruh]* salsify
schotse rib *[SCHotsuh rib]* fried egg on toast
schouderlappen *[SCHOWderlappuh]* shoulder steak
schudden voor het gebruik shake before use
schuimgebak *[SCHOWmCHebak]* meringue
schuimomelet *[SCHOWmomelet]* sweet omelet(te)
schuimpjes *[SCHOWmpyuhs]* small meringues
selderij *[selderee]* celery
sereh *[seray]* sort of lemon grass
seroendeng *[seroondeng]* coconut and peanuts fried with spices
sigarenwinkel tobacconist, tobacco store
sinaasappel *[seenasappel]* orange
sinaasappelsap *[seenasappelsap]* orange juice
sjis kebab *[shish]* shish kebab
slaaptablet sleeping tablet
slaapwagen sleeping car
slaatje *[slahtyuh]* salad
slagerswinkel butcher
slagroom *[slaCHrohm]* whipped cream
slagroom taart *[slaCHrohm tahrt]* whipped cream cake
slagroomwafels *[slaCHrohmwahfels]* waffles with whipped cream
slakken *[slakkuh]* snails
slaolie *[slahohlee]* salad oil
slasaus *[slahsowss]* salad cream
slavinken *[slahvinkuh]* minced pork rolled in bacon
slecht wegdek poor road surface
sleutels keys
slijterij off-licence, liquor store
slipgevaar danger of skidding
slot fortified castle
sluis lock (on waterways)
sluiten close
sluitingstijden closing times
smaakversteviger artificial flavo(u)ring
smeerkaas *[smayrkahss]* cheese spread
sneetje *[snaytyuh]* slice
snelbuffet cafeteria
snelkas fast cash (for bank's own customers)
snelkookrijst quick-cooking rice
sneltrein fast train
snijbonen *[sneybohnuh]* string beans
snoekbaars *[snookbahrss]* perch
snoepjeswinkel sweet shop, candy store
sodemieter op *[sohduhmeeter]* sod off
soepbeen *[soopbayn]* soup bone
soep Lady Curzon *[soop]* turtle soup finished with cream and a pinch of curry powder
soep van de dag *[soop van duh daCH]* soup of the day
soepvlees *[soopvlayss]* meat for soup
souterrain basement
spa water *[vahter]* mineral water
spaanse omelet *[spahnsuh omelet]* omelet(te) with vegetables
spaarbank savings bank
specerijen *[spaysereyuh]* spices
speciale aanbieding special offer
speculaas *[spaykoolahss]* spiced biscuit/cookie
speelbank casino
speelgoedwinkel toy shop/store
speelplaats playground
spek bacon
spekpannekoek *[spekpannuhkook]* pancake with bacon

sperziebonen *[spairzeebohnuh]* French beans
spiegelei *[speeCHeley]* fried egg
spiering *[speering]* smelt
spijskaart *[speyskahrt]* menu
spinazie *[spinahzee]* spinach
spirituosa spirits
spliterwten *[splitairtuh]* split peas
spoedzendingen express post
spoor platform, track
spoorkaartjes train tickets
spoorkaart van Nederland rail map of Holland
spoorweg met station railway line with station
sportartikelen sports goods
sportkleding sports wear
sportvelden sports grounds
sportwinkel sports goods shop/store
spreekuur surgery hours, office hours
spruiten, spruitjes *[sprowtuh, sprowtyuhs]* Brussels sprouts
staanplaatsen standing room
stadhuis town hall
stadsbussen town buses
stadscentrum city centre/center
stadsplattegrond town plan
stalles stalls
stapvoets rijden drive at walking pace
stenen tijdperk Stone Age
sterke drank spirits
stoffeerderij upholsterer
stoffen materials, fabrics
stoffenwinkel draper
stokbrood *[stokbroht]* French loaf
stokvis *[stokviss]* stockfish
stomerij dry-cleaner
stommerik *[stommerik]* idiot
stoofperen *[stohfpayruh]* stewing pears
stoofsla *[stohfslah]* cooked lettuce
stoofvlees *[stohf-vlayss]* stewing steak
stoptrein stopping train
stoverij *[stohverey]* Flemish carbonnade of beef (cooked in beer)
straat street
strand beach
streek region
streekpost local mail
streekvervoer regional transport
strippenkaart period ticket
stroopwafel *[strohpwahfel]* waffle-type biscuit/cookie with syrup filling
studentenhaver *[stœdentuh-hahver]* mixed nuts and raisins
sucadelappen *[sœkahduhlappuh]* stewing steak
suikergehalte sugar content
suikerklontjes *[sowkerklontyuhs]* sugar lumps
sukade *[sœkaduh]* candied peel
super 4-star (petrol), premium (gas)
s.v.p. please

T

taart *[tahrt]* cake
... tabletjes voor het slapen gaan ... tablets before going to bed
tahoe-tofu *[tahoo-tohfœ]* soyabean cheese
tam konijn *[koneyn]* tame rabbit
tandarts dentist
tapijten carpets
tapvergunning licence/license to sell alcoholic drinks
tarbot turbot
tartaar *[tartahr]* raw minced steak, steak tartare
tarwebloem *[tarwuhbloom]* wheatflour
tarwebrood *[tarwuhbroht]* wheaten bread
tas aan de haak hang your bag on the hook
taugeh-katjang-djoe *[towCHeh-katyang-joo]* bean sprouts
tehuis voor ouden van dagen old people's home
te huur for hire/rent
te koop for sale
telecard phonecard
telefoongids telephone directory
tempeh *[tempay]* sort of soyabean bread
tenminste houdbaar tot ... can be kept

until ...
tennisbanen tennis courts
tent(je) tearoom, restaurant, pub, bar
tentoonstelling exhibition
textielafdeling fabrics department
thee met citroen *[tay met sitroon]* lemon tea
thee met melk en suiker *[tay ... sowker]* tea with milk and sugar
tijdelijk wegdek temporary road surface
tijm *[teym]* thyme
t/m (tot en met) up to and including
toast kannibaal raw minced/ground steak with egg, herbs and seasoning on toast
toegang admission
toegang alleen voor kaarthouders ticket-holders only
toegangsprijs admission
toegang verboden no admittance
toegestaan allowed
toeristenmenu tourist menu
toestel 123 extension 123
toiletartikelen toiletries
toiletten toilets, rest rooms
tol toll
tomaten *[tomahtuh]* tomatoes
tomatensoep (met gehaktballetjes) *[tomahtuhsoop (met CHehaktballetyuhs)]* tomato soup (with small meat balls)
tompoes *[tompooss]* vanilla slice
toneel stage
toneelstuk play
tongeworst *[tonguhvorst]* tongue sausage
tong in bakdeeg *[bakdayCH]* sole, deep-fried in batter
tong met champignons *[shampeenyons]* sole with mushrooms
tong met garnalensaus *[CHarnahluhsowss]* sole with shrimp sauce
tong met kaassaus *[kahssowss]* sole with cheese sauce
tongrolletjes *[tongrolletyuhs]* rolled fillets of sole
tonijn *[toneyn]* tuna
tosti *[tostee]* toasted sandwich
tot straks see you later
tot ziens *[zeens]* good-bye
trappistenbier strong dark beer
trassi *[trassee]* fish paste
trefpunt meeting point
trein met toeslag train with supplement payable
treinstel train number
trekken pull
trimbaan keep-fit track
tuinbonen *[townbohnuh]* broad beans
tuingereedschap gardening equipment
tussen de middag gesloten closed at lunchtime
tweepersoonsbed/kamer double bed/room

U

u bent hier/u bevindt zich hier you are here
u kiest het landnummer, het netnummer en het abonneenummer dial the country code, the area code and the subscriber's number
u kiest het toegangsnummer 09 en wacht op de hoge kiestoon dial 09 and wait for the high-pitched tone
u wacht op de lage kiestoon wait for the dialling tone
u wacht op de verbinding wait to be connected
uien *[owyuh]* onions
uiensoep *[owyuhsoop]* onion soup
uit out, exit
uiterste verkoopdatum sell-by date
uitgang exit, way out
uitgeperste citroen/sinaasappel *[owtCHepairstuh sitroon/seenasappel]* fresh lemon juice/orange juice
uitgesteld postponed
uitlaatpijpen exhausts
uitlekgewicht dry weight
uitsmijter *[owtsmeyter]* slice of bread topped with slice of ham and fried egg

uitsmijter met kaas *[owtsmeyter met kahss]* slice of bread topped with slice of cheese and fried egg
uitverkoop sale
uitverkoopartikelen worden niet geruild we do not exchange sales goods
uitvoering performance
uitzicht view point

V

vaart minderen reduce speed
vacuum verpakt vacuum-packed
vakantiereizen holiday/vacation travel
valuta — aankoop en verkoop foreign currency — the bank buys — the bank sells
vanaf from
vanavond *[vanahvont]* this evening
vandaag *[vandahCH]* today
vanillevla *[vaneeyuh-vlah]* custard sauce
vanmiddag *[vanmiddaCH]* this afternoon
vanmorgen *[vanmorCHuh]* this morning
varkensbiefstuk *[varkensbeefstook]* fillet of pork
varkensfilet *[varkensfeelay]* fillet of pork
varkensfricandeau *[varkensfreekandoh]* pork fricandeau, larded and braised pork
varkenshaas *[varkenshahss]* fillet of pork
varkenskrabbetje *[varkenskrabbetyuh]* pork belly with bone or spare rib
varkenslap *[varkenslap]* pork escalope, pork steak
varkenslever *[varkenslayver]* pig's liver
varkensnieren *[varkensneeruh]* pig's kidneys
varkensnierstuk *[varkensneerstook]* boned rolled pork with kidney
varkensoester *[varkensooster]* pork escalope
varkenspoot *[varkenspoht]* leg of pork
varkenspootjes *[varkenspohtyuhs]* pigs' trotters
varkensrib *[varkensrib]* pickled smoked rib of pork
varkensrollade *[varkensrollahduh]* rolled pork
varkensschnitzel pork schnitzel
varkenstong *[varkenstong]* pig's tongue
varkensvlees *[varkensvlayss]* pork
vatbaar voor wijzigingen subject to changes
veearts veterinary surgeon
veerboot ferry
veiligheidsgordel seat belt
veiling auction
venkel *[venkel]* fennel
verbinding *[verbinding]* connection
verbindingstoon ringing tone
verblijfsvergunning residence permit
verboden de dieren te voederen do not feed the animals
verboden inrij behalve voor plaatselijk verkeer no access except for local traffic
verboden op het gras te lopen keep off the grass
verboden te roken no smoking
verboden te vissen no fishing
verboden te zwemmen no swimming
verboden toegang behalve voor plaatselijk verkeer no access except local traffic
verboden toegang voor onbevoegden no access for unauthorized persons
verdomme! *[verdommuh]* damn!
vergif poison
vergunning licence/license, permission
verkeersplein roundabout, traffic circle
verkeerstekens traffic signs
verkeer van rechts heeft voorrang give way/yield to traffic from the right
verkoop strippenkaart sale of bus/tram/metro period tickets
verloren voorwerpen lost property, lost and found
vermicellisoep *[vermiselleesoop]* (chicken) noodle soup
verplicht rondgaand verkeer traffic must use roundabout/traffic circle
verrek *[verrek]* dammit
verse haring *[vairsuh hahring]* fresh her-

ring
verse oesters *[vairsuh oosters]* fresh oysters
verse vis *[vairsuh viss]* fresh fish
verse worst *[vairsuh vorst]* sausage
vertrekhal departure hall
verwarmd openluchtbad heated outdoor swimming pool
vestiaire cloakroom, checkroom
vet *[vet]* fat
vetarm dieet *[vet-arm dee-ayt]* low-fat diet
vetloos dieet *[vetlohss dee-ayt]* fat-free diet
vet vlees *[vet vlayss]* fat meat
vijfenzestig plus-/seniorenkaart senior citizen's pass
vijgen *[veyCHuh]* figs
vis *[viss]* fish
visboer fishmonger
viscroquetten *[viskrokketuh]* fish croquettes
visgelegenheid fishing
vissoep *[vissoop]* fish soup
vleet *[vlayt]* skate
vlierbessen *[vleerbessuh]* elderberries
vloeibare zeep liquid soap
vlooienmarkt flea market
vluchtheuvel traffic island
vluchtstrook hard shoulder
voetbalstadion football stadium
voeten vegen alstublieft please wipe your feet
voetgangers zone pedestrian precinct
voetselderij *[vootselderee]* celery hearts
volkorenbrood *[volkohruhbroht]* wholemeal/wholewheat bread
volle melk *[volluh]* full-cream milk
vol pension full board, American plan
voluit in full
voorgerecht *[vohrCHerecht]* starter, hors d'oeuvre
voor landen die niet automatisch zijn aangesloten kunt u 0010 bel for countries without direct dialling ring 0010
voorn *[vohrn]* roach
voornaam Christian name, first name
voorrangsweg main road
voorruit windscreen, windshield
voorsorteren get in lane
voorzichtig *[vohrzichtich]* caution
voorzichtig! breekbaar! fragile, handle with care
voorzichtig deze bus zwaait uit caution this bus swings out
voorzichtig kinderen caution children
voorzichtig rijden drive carefully
voorzichtig stoepje mind the step
voorzieningen voor gehandicapten facilities for the disabled
vrachtwagen lorry, truck
vreemdelingenpolitie-afdeling/kantoor alien's police department/office
vriesvak freezer
vrijdag Friday
vrije entree admission free
vrij toegankelijk admission free
vrouwenklooster convent
vruchten *[vroochtuh]* fruit
vruchtensap *[vroochtuhsap]* fruit juice
vruchtensla *[vroochtuhslah]* fruit salad
VTB (Vlaamse Toeristen Bond) Flemish tourist organization
V.V.V. (Vereniging voor Vreemdelingenverkeer) tourist information
V.V.V. kantoor tourist information office

W

w.a. (wettelijke aansprakelijkheid)/ w.a. verzekering legal liability/legal liability insurance
waakhond guard dog
wachtkamer waiting room
wafel *[vahfel]* waffle, wafer
wagentje supermarket trolley/cart
walnoot *[valnoht]* walnut
wandelgebied hiking area
warenhuis department store
warme chocolademelk *[varmuh shokolahduhmelk]* hot chocolate
warme wijn mulled wine
wasautomatiek laundrette, laundromat

wassen en watergolven shampoo and set
wasserette laundrette, laundromat
waterkers *[vahterkairs]* watercress
waterzooi *[vahterzoy]* clear soup with fish or chicken and vegetables
weens bak kippetje *[vayns ... kippetyuh]* pieces of young chicken coated in flour, egg yolk and bread crumbs and fried
weeshuis orphanage
wegafsluiting, weg afgesloten road closed
Wegenwacht Dutch motoring organization
wegomleiding, wegomlegging diversion, detour
wegrestaurant roadside restaurant
wegvernauwing road narrows
welkom in ... welcome to ...
werkdagen working days
werk in uitvoering work in progress
Westen West
wetswinkel legal advice centre/center
wijkplattegrond district map
wijn *[veyn]* wine
wijnkaart *[veynkahrt]* winelist
wijting *[veyting]* whiting
wij verzorgen ook uw fruitmanden we also do fruit baskets
wild konijn *[vilt koneyn]* wild rabbit
wildpark nature reserve
wilt u zitten? ik kan staan would you like a seat? I can stand
windmolen windmill
winkel shop, store
winkelwagen supermarket trolley/cart
wisselautomaat change machine
wisselgeld small change, change
witte bonen *[vittuh bohnuh]* dried white beans
wittebrood *[vittuhbroht]* white bread
wittekool *[vittuhkohl]* white cabbage
witte suiker *[vittuh sowker]* white sugar
witte was whites
witte wijn *[vittuh veyn]* white wine
woensdag Wednesday
wolwinkel wool shop/store
woonerf residential area with ramps to slow down traffic
woontextiel soft furnishings
wortel *[vortel]* carrot

Z

Z (zuid) south
zachte berm soft verge/shoulder
zachtgekookt eitje *[zaCHtCHekohkt eytyuh]* soft-boiled egg
zakenman businessman
zalf ointment
zalm salmon
zalmslaatje *[zalmslahtyuh]* salmon salad
zandgebak/zandtaart *[zantCHebak/zantahrt]* shortcrust pastry
zandkoekje *[zantkookyuh]* shortbread
zaterdag Saturday
zeekreeft *[zaykrayft]* lobster
zeelt *[zaylt]* tench
zeepaling *[zaypahling]* sea-eel
zeetong *[zaytong]* Dover sole
zeevis *[zayviss]* salt-water fish
zeewolf *[zayvolf]* wolf fish
zelfbediening self-service
zelfrijzend bakmeel *[zelfreyzent bakmayl]* self-raising flour
zetmeel starch
zet uw motor af switch off your engine
ziekenhuis hospital
zie rand see side (of packet)
zigeunerschnitzel *[seeCHOWnerschnitzel]* schnitzel served with garlic and paprika
zijde silk
zilveruitjes *[zilverowtyuhs]* pickled silverskin onions
zitplaatsen seats
zn. (zoon) son
Z.O. (zuid-oosten) south-east
zoet *[zoot]* sweet
zoet-zuur *[zoot-zœr]* sweet-sour
zolen en hakken heelbar, shoe repairs
zondag Sunday

zonder bon wordt niet geruild no goods exchanged without a receipt
zonder douche without shower
zonder toevoeging conserveringsmiddelen contains no preservatives
zout *[zowt]* salt
zoute haring *[zowtuh hahring]* salted herring
zoutjes *[zowtyuhs]* cocktail savouries/savories
zoutwatervis *[zowtvahterviss]* saltwater fish
z.p. (zonder pension) no meals
Zuiden South
zuivelwinkel dairy
zuivere bijenhoning *[zowveruh beyenhohning]* pure bees' honey
zult brawn
zure haring *[zooruh hahring]* pickled herring
zuurkool met spek/worst *[zoorkohl ... vorst]* sauerkraut with bacon/sausage
zwarte bessen *[zwartuh bessuh]* blackcurrants
zwarte bessenjam *[zwartuh bessuhjem]* blackcurrant jam
zwarte bessensap *[zwartuh bessuhsap]* blackcurrant juice
zwarte kersenjam *[zwartuh kairsuhjem]* black cherry jam
zwemmen verboden no swimming
zwezerik *[zwayzerik]* sweetbread

Reference Grammar

NOUNS

GENDER

Nouns are either 'common gender' (i.e. masculine or feminine) or neuter. Common gender nouns are usually treated as masculine unless they refer to something female (see PERSONAL PRONOUNS — IT). All diminutives (ending in **-je**) are neuter, regardless of the gender of that which they refer to, e.g.:

het meisje	the girl

PLURALS

There are three plural endings: **-en** (the commonest), **-s**, and **-eren**.

(i) **-en** (or **-n** if the word ends in **-e**):

sing.	pl.	
weg	**wegen**	way(s)
dag	**dagen**	day(s)
huis	**huizen**	house(s)

With some words, the spelling changes slightly to maintain the pronunciation: a double vowel may become single when another syllable is added, or a double consonant may be necessary to keep the vowel short, e.g.:

sing.	pl.	
naam	**namen**	name(s)
straat	**straten**	street(s)
kat	**katten**	cat(s)
man	**mannen**	man (men)

In other cases, the vowel changes:

sing.	pl.	
stad	**steden**	town(s)
moeilijkheid	**moeilijkheden**	difficulty (difficulties)

With words ending in a stressed **-ie** or **-ee** a diaeresis is added, e.g.:

sing.	pl.	
calorie	**calorieën**	calorie(s)
idee	**ideeën**	idea(s)
zee	**zeeën**	sea(s)

(ii) **-s**:
This is used for words ending in **-el**, **-er**, **-em**, **-en**, **-aar**. It is also used for foreign words, with an apostrophe where the word ends in a vowel:

sing.	pl.	
hotel	**hotels**	hotel(s)
café	**cafés**	café(s)
tram	**trams**	tram(s)
dame	**dames**	lady (ladies)
piano	**piano's**	piano(s)
ober	**obers**	waiter(s)

Also all diminutives, words ending in **-je**, always form their plural by adding an **-s**.

(iii) **-eren**:
Some very common words take this ending, e.g.:

sing.	pl.	
kind	**kinderen**	child (children)
ei	**eieren**	egg(s)
blad	**bladeren**	leaf (leaves)

ARTICLES

THE DEFINITE ARTICLE (THE)

The form of the definite article is fairly simple:

	sing.	pl.
common gender	**de**	**de**
neuter	**het**	**de**

Het is sometimes abbreviated to **'t**:

't kind — the child

Dutch keeps the definite article in general statements in which it is dropped in English, e.g.:

het leven is te kort — life is too short

THE INDEFINITE ARTICLE (A, AN, SOME)

The indefinite article in the singular, for both genders, is **een**, which is pronounced **'n** or **in**:

een huis — a house
een pad — a path

'Any/some' is translated by **wat**, e.g.:

heb je wat boter? — do you have any/some butter?

or it may be left out altogether:

heb je melk? — do you have any/some milk?

In the plural, as in English, the article is dropped or one of several alternatives is used to express an indefinite number:

sommige (some), **enige** (a few), **enkele** (a few), **een paar** (a couple of), **meerdere** (several), **een aantal** (a number of), e.g.:

sommige autos — some cars
enkele/enige dagen — a few days
een aantal mensen — a number of people
een paar meter — a couple of metres/meters
meerdere gevallen — several cases

ADJECTIVES

Adjectives precede the noun they refer to, as in English. They generally add an **-e** when preceding singular or plural nouns of either gender:

het oude huis	the old house
de laatste trein	the last train
een drukke straat	a busy street
de oude huizen	the old houses

They are unchanged, however, if they precede a singular, neuter noun and follow the indefinite article or an indefinite pronoun:

een oud huis	an old house
zulk mooi weer	such lovely weather
volgend jaar	next year

Adjectives are also unchanged if they come after the noun:

de auto is groen	the car is green

Adjectives ending in **-en** never change:

mijn eigen auto	my own car

The spelling guidelines as given under PLURALS (page 105) also apply to adjectives:

groot — de grote kerk	the big church
heet — een hete dag	a hot day

COMPARATIVES & SUPERLATIVES (GOOD, BETTER, BEST etc)

Comparatives and superlatives are formed by adding **-er** and **-st**, even in cases where English uses 'more' and 'most' e.g.:

tactvol	tactful
tactvoller	more tactful
tactvolst	most tactful

Some very common adjectives are irregular:

goed, beter, best	good, better, best
veel, meer, meest	much, more, most
weinig, minder, minst	little, less, least

The spelling guidelines as given under PLURALS (page 105) apply:

groot, groter, grootst	big, bigger, biggest
laat, later, laatst	late, later, latest

To say 'more ... than' etc, use **dan** after the comparative:

meer dan genoeg	more than enough
dit is beter dan dat	this is better than that

To say 'as ... as' use **zo** ... **als** or **even** ... **als**:

zo stil als een muis	as quiet as a mouse
ik ben even groot als jij	I am just as tall as you

but:

zo veel mogelijk	as much as possible
zo vlug mogelijk	as fast as possible

POSSESSIVE ADJECTIVES (MY, YOUR etc)

	written	spoken
my	**mijn**	**m'n**
your (sing. familiar)	**jouw (je)**	**je**
your (sing. polite)	**uw**	**uw**
his	**zijn**	**z'n**
her	**haar**	**d'r**
our	**ons/onze**	**ons/onze**
your (pl. familiar)	**jullie (je)**	**je**
your (pl. polite)	**uw**	**uw**
their	**hun**	**hun**

Mijn, jouw, zijn, haar, jullie are only used in speech for emphasis. Otherwise the short forms are much more common. **Jullie** should be replaced by **je** when it is already clear that the plural is meant:

ben je je sleutel kwijt?	have you lost your key?
zijn jullie je bagage kwijt?	have you lost your luggage?

Only **ons** has different forms for common gender and neuter:

ons huis ligt niet ver	our house is not far
onze tuin is klein	our garden is small

PRONOUNS

PERSONAL PRONOUNS

subject		direct object		indirect object	
ik	I	**mij/me**	me	**mij/me**	to me
jij/je	you (sing. familiar)	**jou/je**	you	**jou/je**	to you
u	you (sing. polite)	**u**	you	**u**	to you
hij	he	**hem/'m**	him	**hem/'m**	to him
zij/ze	she	**haar/ze**	her	**haar/ze**	to her
het/'t	it	**het/'t**	it	**het/'t**	to it
wij/we	we	**ons**	us	**ons**	to us
jullie/je	you (pl. familiar)	**jullie/je**	you	**jullie/je**	to you
u	you (pl. polite)	**u**	you	**u**	to you
zij/ze	they	**ze/hen**	them	**ze/hun**	to them

Examples:

hij reed ons naar Parijs — he drove us to Paris
we stuurden ze een pakje op — we sent them a parcel

As with the possessive adjective, the short form is the more commonly used, unless the pronoun is being stressed for some reason. **Jullie** is replaced by **je** if it is already clear that the plural is meant. **Hij** is often abbreviated to **-ie** in speech, except at the beginning of a sentence.

heeft-ie iets gedaan? — has he done something?

IT

Note that in translating 'it' with a personal pronoun one must pay attention to the gender of the noun it replaces. For neuter nouns, **het** or **dat** can be used, but for common gender nouns, use **hem** (see GENDER page 105), or **die** e.g.:

waar is je auto? heb je 'm/die verkocht?
where is your car? have you sold it?

waar is je tasje? ben je 't/dat kwijt?
where is your handbag? have you lost it?

With prepositions (e.g. on, through, by, with, from), **er** is used:

hij doet er geen suiker op — he doesn't put sugar on it
ik weet er niets van — I know nothing about it

The emphatic form is **daar**:

daar heb je geen last mee — you'll have no trouble with that

YOU

There are two ways of saying 'you': the formal **u** and the informal **je** (**jij**). The Dutch are quite relaxed about using **je** in public, as well as with family, friends and children, whereas in Belgium **u** is preferred when addressing strangers. In generalizations, 'you' is translated by '**je**' whatever the context:

ik heb het u al gezegd	I've told you before
je weet nooit	you never know

USE OF **MEN**

Men can be used in the following ways:

men zegt ...	they say ...
dat doet men niet	that's not done
kan men hier auto's huren	can you hire cars here?

REFLEXIVE PRONOUNS (MYSELF, YOURSELF etc)

Dutch uses reflexive verbs in some cases where English does not, e.g.:

ik kleed me aan	I dress (myself), I get dressed
je moet je haasten	you must hurry

The pronouns used are:

singular		plural	
ik	**me**	**we**	**ons**
je	**je**	**jullie**	**je**
u	**zich**	**u**	**zich**
hij	**zich**	**ze**	**zich**
ze	**zich**		
het	**zich**		

POSSESSIVE PRONOUNS (MINE, YOURS etc)

Dutch has expressions corresponding to the English for all pronouns except **jullie**, e.g.:

de/het mijne	mine
de/het jouwe	yours (sing. familiar)
de/het uwe	yours (sing. polite)
de/het zijne	his/its
de/het hare	hers
de/het onze	ours
de/het hunne	theirs

But:

die/dat van jullie	yours (pl. familiar)

However, in practice, the **die/dat van** form is more common, used with the emphatic form of the personal pronoun:

van mij	mine
van jou	yours
van u	yours
van hem	his
van haar	hers
van ons	ours
van jullie	yours
van hen	theirs

For example:

> **als je geen boek hebt, neem dan dat van hem** (or **neem het zijne)**
> if you don't have a book, then take his

VERBS

PRESENT TENSE

The present tense is formed by subtracting the infinitive ending (**-en**, **-n**) to find the stem, and then adding **-t** or **-en** as follows. Note that no extra **-t** is added if the stem already ends in **-t**. **U** has the same ending as **jij**, whether it is singular or plural.

gaan (to go)	**wachten** (to wait)	**wonen** (to live)
ik ga	**ik wacht**	**ik woon**
jij gaat	**jij wacht**	**jij woont**
u gaat	**u wacht**	**u woont**
hij gaat	**hij wacht**	**hij woont**
zij gaat	**zij wacht**	**zij woont**
wij gaan	**wij wachten**	**wij wonen**
jullie gaan	**jullie wachten**	**jullie wonen**
zij gaan	**zij wachten**	**zij wonen**

No Dutch word ends in a **-v** or **-z**, so these change to **-f** or **-s**:

geloven	to believe	**ik geloof, jij gelooft, wij geloven**
leven	to live	**ik leef, jij leeft, wij leven**
schrijven	to write	**ik schrijf, jij schrijft, wij schrijven**
kiezen	to choose	**ik kies, jij kiest, wij kiezen**
lezen	to read	**ik lees, jij leest, wij lezen**

Some common verbs are irregular:

zijn (to be)	**zullen** (shall)	**hebben** (to have)	**kunnen** (to be able to)
ik ben	**ik zal**	**ik heb**	**ik kan**
jij bent	**jij zult** (**zal**)	**jij hebt**	**jij kunt** (**kan**)
u bent	**u zult**	**u hebt**	**u kunt**
hij is	**hij zal**	**hij heeft**	**hij kan**
zij is	**zij zal**	**zij heeft**	**zij kan**
wij zijn	**wij zullen**	**wij hebben**	**wij kunnen**
jullie zijn	**jullie zullen**	**jullie hebben**	**jullie kunnen**
zij zijn	**zij zullen**	**zij hebben**	**zij kunnen**

PAST TENSE — WEAK VERBS

Dutch verbs are divided into 'strong' and 'weak' verbs according to the way in which they form the past tense and the past participle. Weak verbs form the past tense by adding **-de** and **-den**, or **-te** and **-ten** to the stem.

leven (to live, be alive)		**wonen** (to live — somewhere)	
ik leefde	I lived	**ik woonde**	I lived
jij leefde	you lived	**jij woonde**	
u leefde	you lived	**u woonde**	
hij leefde	he lived	**hij woonde**	
wij leefden	we lived	**wij woonden**	
zij leefden	they lived	**zij woonden**	

missen (to miss)		**reizen** (to travel)	
ik miste	I missed	**ik reisde**	I travelled/traveled
jij miste		**jij reisde**	
u miste		**u reisde**	
hij miste		**hij reisde**	
wij misten		**wij reisden**	
zij misten		**zij reisden**	

PERFECT TENSE — WEAK VERBS

The perfect tense is formed by using the auxiliary verb **hebben** or **zijn** with the past participle. Weak verbs form the past participle by adding **ge-** and **-t** or **-d** to the stem (as for the past tense):

ik heb geleefd	I have lived
jij hebt gemist	you have missed
wij hebben gereisd	we have travelled/traveled

PAST AND PERFECT TENSES — STRONG VERBS

Strong verbs change the vowel and pronunciation of the stem in the past and perfect tenses. In the past tense, nothing is added to the new stem in the singular, but **-en** is added in the plural:

trekken (to pull)	**ik trok**	I pulled
	hij trok	he pulled
	wij trokken	we pulled

The past participle is formed by adding **ge-** and **-en** to the new stem, but where the first syllable of the stem is unstressed, no **ge-** is added.

Here is a list of common strong and irregular verbs:

beginnen	*begin*	begon, begonnen	begonnen
begrijpen	*understand*	begreep, begrepen	begrepen
bewegen	*move*	bewoog, bewogen	bewogen
bieden	*offer*	bood, boden	geboden
bijten	*bite*	beet, beten	gebeten
blijken	*seem*	bleek, bleken	gebleken
blijven	*stay*	bleef, bleven	gebleven
brengen	*bring*	bracht, brachten	gebracht
buigen	*bend*	boog, bogen	gebogen
denken	*think*	dacht, dachten	gedacht
doen	*do*	deed, deden	gedaan
dragen	*wear*	droeg, droegen	gedragen
drinken	*drink*	dronk, dronken	gedronken
eten	*eat*	at, aten	gegeten
gaan	*go*	ging, gingen	gegaan
genezen	*cure*	genas, genazen	genezen
geven	*give*	gaf, gaven	gegeven
grijpen	*grasp*	greep, grepen	gegrepen
hangen	*hang*	hing, hingen	gehangen
hebben	*have*	had, hadden	gehad
helpen	*help*	hielp, hielpen	geholpen
houden	*hold*	hield, hielden	gehouden
kiezen	*choose*	koos, kozen	gekozen
kijken	*look*	keek, keken	gekeken
klimmen	*climb*	klom, klommen	geklommen
komen	*come*	kwam, kwamen	gekomen
kopen	*buy*	kocht, kochten	gekocht
krijgen	*get*	kreeg, kregen	gekregen
kunnen	*be able to*	kon, konden	gekund
laten	*let, allow*	liet, lieten	gelaten
lezen	*read*	las, lazen	gelezen
liggen	*lie*	lag, lagen	gelegen
lopen	*run*	liep, liepen	gelopen
nemen	*take*	nam, namen	genomen
rijden	*drive*	reed, reden	gereden
ruiken	*smell*	rook, roken	geroken
schieten	*shoot*	schoot, schoten	geschoten
schrijven	*write*	schreef, schreven	geschreven
slaan	*beat*	sloeg, sloegen	geslagen
slapen	*sleep*	sliep, sliepen	geslapen
sluiten	*close*	sloot, sloten	gesloten
spreken	*speak*	sprak, spraken	gesproken
staan	*stand*	stond, stonden	gestaan

stelen	*steal*	stal, stalen	gestolen
treffen	*hit, meet*	trof, troffen	getroffen
trekken	*pull*	trok, trokken	getrokken
vallen	*fall*	viel, vielen	gevallen
vangen	*catch*	ving, vingen	gevangen
verbieden	*forbid*	verbood, verboden	verboden
vergeten	*forget*	vergat, vergaten	vegeten
verlaten	*leave*	verliet, verlieten	verlaten
verliezen	*lose*	verloor, verloren	verloren
vinden	*find*	vond, vonden	gevonden
vliegen	*fly*	vloog, vlogen	gevlogen
vragen	*ask*	vroeg, vroegen	gevraagd
vriezen	*freeze*	vroor, vroren	gevroren
wegen	*weigh*	woog, wogen	gewogen
werpen	*throw*	wierp, wierpen	geworpen
weten	*know*	wist, wisten	geweten
wijzen	*point out*	wees, wezen	gewezen
worden	*become*	werd, werden	geworden
zeggen	*say*	zei, zeiden	gezegd
zenden	*send*	zond, zonden	gezonden
zien	*see*	zag, zagen	gezien
zijn	*be*	was, waren	geweest
zitten	*sit*	zat, zaten	gezeten
zoeken	*look for*	zocht, zochten	gezocht
zullen	*be going to*	zou, zouden	-------
zwemmen	*swim*	zwom, zwommen	gezwommen

ZIJN OR **HEBBEN**?

In the perfect tense, the auxiliary verb used is either **zijn** or **hebben**. Transitive verbs, i.e. those which have a direct object, always take **hebben**.

ik heb het gedaan	I have done it
hij heeft het laten vallen	he has dropped it

Intransitive verbs take **hebben** if they express a continuing action or condition, **zijn** if they imply a change of state or condition. **Zijn, worden** and **blijven**, however, always take **zijn**.

ik ben naar de stad gelopen	I walked into town
ik heb de hele dag gelopen	I've been walking all day

THE FUTURE TENSE

The future tense is formed by using the auxiliary verb **zullen** (see page 113) plus the infinitive:

ik zal het doen	I will do it
we zullen zien	we will see

THE IMPERATIVE (GIVING COMMANDS)

The imperative uses the stem of the verb alone when using the **je** or **jullie** form:

vraag het hem	ask him
ga zitten	sit down

but:

wees niet bang	don't be afraid

With the polite **u** form, a **-t** is added:

gaat u zitten, mijnheer	take a seat, sir

QUESTIONS

In questions the verb and pronoun are inverted:

gaat hij naar huis?	is he going home?
heeft hij het gedaan?	has he done it?
zullen we gaan?	shall we go?

With **jij/je**, the final **-t** is dropped from the verb:

waar ben je geweest?	where have you been?

NEGATIVES

Verbs are made negative by using the word **niet**:

ik rook niet	I don't smoke
ik deed het niet	I didn't do it
ik heb het niet gedaan	I didn't do it

'Not any' or 'none' is **geen**:

zijn er geen garages open?	aren't there any garages open?

TELLING THE TIME

what time is it?	hoe laat is het? *[hoo laht iss 't]*
it is ...	het is ... *['t iss]*
one o'clock	een uur *[ayn œr]*
seven o'clock	zeven uur *[zayven œr]*
one a.m.	een uur 's morgens *[smorCHens]*
seven a.m.	zeven uur 's morgens
one p.m.	een uur 's middags *[smiddaCHs]*
seven p.m.	zeven uur 's avonds *[sahvonts]*
midday	twaalf uur 's middags *[tvahlf]*
midnight	twaalf uur 's nachts *[snaCHts]*
five past eight	vijf over acht *[veyf over aCHt]*
five to eight	vijf voor acht *[vohr]*
half past ten	half elf *[hal-f elf]*
quarter past eleven	kwart over elf *[kvart]*
quarter to eleven	kwart voor elf

CONVERSION TABLES

1. LENGTH

centimetres, centimeters
1 cm = 0.39 inches

metres, meters
1 m = 100 cm = 1000 mm
1 m = 39.37 inches = 1.09 yards

kilometres, kilometers
1 km = 1000 m
1 km = 0.62 miles = 5/8 mile

km	1	2	3	4	5	10	20	30	40	50	100
miles	0.6	1.2	1.9	2.5	3.1	6.2	12.4	18.6	24.9	31.1	62.1

inches
1 inch = 2.54 cm

feet
1 foot = 30.48 cm

yards
1 yard = 0.91 m

miles
1 mile = 1.61 km = 8/5 km

miles	1	2	3	4	5	10	20	30	40	50	100
km	1.6	3.2	4.8	6.4	8.0	16.1	32.2	48.3	64.4	80.5	161

2. WEIGHT

gram(me)s
1 g = 0.035 oz

g	100	250	500
oz	3.5	8.75	17.5 = 1.1 lb

kilos
1 kg = 1000 g
1 kg = 2.20 lb = 11/5 lb

kg	0.5	1	1.5	2	3	4	5	6	7	8	9	10
lb	1.1	2.2	3.3	4.4	6.6	8.8	11.0	13.2	15.4	17.6	19.8	22

kg	20	30	40	50	60	70	80	90	100
lb	44	66	88	110	132	154	176	198	220

tons
1 UK ton = 1018 kg
1 US ton = 909 kg

tonnes
1 tonne = 1000 kg
1 tonne = 0.98 UK tons = 1.10 US tons

ounces
1 oz = 28.35 g

pounds
1 pound = 0.45 kg = 5/11 kg

lb	1	1.5	2	3	4	5	6	7	8	9	10	20
kg	0.5	0.7	0.9	1.4	1.8	2.3	2.7	3.2	3.6	4.1	4.5	9.1

stones
1 stone = 6.35 kg

stones	1	2	3	7	8	9	10	11	12	13	14	15
kg	6.3	12.7	19	44	51	57	63	70	76	83	89	95

hundredweights
1 UK hundredweight = 50.8 kg
1 US hundredweight = 45.36 kg

3. CAPACITY

litres, liters
1 l = 7.6 UK pints = 2.13 US pints
½ l = 500 cl
¼ l = 250 cl

pints
1 UK pint = 0.57 l
1 US pint = 0.47 l

quarts
1 UK quart = 1.14 l
1 US quart = 0.95 l

gallons
1 UK gallon = 4.55 l
1 US gallon = 3.79 l

4. TEMPERATURE

centigrade/Celsius
C = (F − 32) × 5/9

C	−5	0	5	10	15	18	20	25	30	37	38
F	23	32	41	50	59	64	68	77	86	98.4	100.4

Fahrenheit
F = (C × 9/5) + 32

F	23	32	40	50	60	65	70	80	85	98.4	101
C	−5	0	4	10	16	20	21	27	30	37	38.3

0 nul *[nool]*
1 een *[ayn]*
2 twee *[tvay]*
3 drie *[dree]*
4 vier *[veer]*
5 vijf *[veyf]*
6 zes *[zess]*
7 zeven *[z**ay**vuh]*
8 acht *[aCHt]*
9 negen *[n**ay**CHuh]*
10 tien *[teen]*
11 elf *[elf]*
12 twaalf *[tvahlf]*
13 dertien *[d**ai**rteen]*
14 veertien *[v**ay**rteen]*
15 vijftien *[v**ey**fteen]*
16 zestien *[z**e**ssteen]*
17 zeventien *[z**ay**venteen]*
18 achttien *[**a**CHteen]*
19 negentien *[n**ay**CHenteen]*
20 twintig *[tv**i**ntiCH]*
21 eenentwintig *[**ay**nentvintiCH]*
22 tweeëntwintig *[tv**ay**entvintiCH]*
30 dertig *[d**ai**rtiCH]*
31 eenendertig *[**ay**nendairtiCH]*
32 tweeëndertig *[tv**ay**endairtiCH]*
40 veertig *[f**ay**rtiCH]*
50 vijftig *[f**ey**ftiCH]*
60 zestig *[z**e**sstiCH]*
70 zeventig *[z**ay**ventiCH]*
80 tachtig *[t**a**CHtiCH]*
90 negentig *[n**ay**CHentiCH]*
100 honderd *[h**o**ndert]*
101 honderd een *[hondert **ay**n]*
110 honderd tien *[hondert-t**ee**n]*
200 tweehonderd *[tv**ay** hondert]*
201 tweehonderd een *[tvay hondert **ay**n]*
1000 duizend *[d**o**wzent]*
1987 negentien zevenentachtig *[nayCHenteen zayven-en-t**a**CHtiCH]*
1,000,000 een miljoen *[ayn meely**oo**n]*

1st eerste *[**ay**rstuh]*
2nd tweede *[tv**ay**duh]*
3rd derde *[d**ai**rduh]*
4th vierde *[v**ee**rduh]*
5th vijfde *[v**ey**fduh]*
6th zesde *[z**e**sduh]*
7th zevendeh *[z**ay**venduh]*
8th achtste *[**a**CHtstuh]*
9th negende *[n**ay**CHenduh]*
10th tiende *[t**ee**nduh]*